年齢に応じた運動のすすめ
―わかりやすい身体運動の科学―

放送大学教授・東京大学名誉教授
宮下　充正

株式会社　杏林書院

序　文

　　国民健康保険の赤字，介護保険料の値上げと，医療費・介護費は重い負担を私たちに負わせるようになってしまいました．厚生労働省は緊急な対応策を計画しているようです．しかし，根本的な解決は，高齢化にともなって増加するお年寄りの中で自立した生活が営める健康な人の割合を多くすること，そして，たくさんの子どもと成人が毎日元気に暮らせる健康なからだを有していることではないでしょうか．

　　運動を定期的に実践していれば，心臓病，高血圧症，2型糖尿病，高脂血症，肥満症などの生活習慣病や骨折，転倒などを予防することは，すでに読者の方も十分承知のことでしょう．問題は，運動実践を多くの人々にどのように促すか，です．

　　縁あって山形県鶴岡市の"市民スポーツ振興事業"の手伝いを始めて10年近くなり，その成果がようやく見えるようになりました．

　　鶴岡市教育委員会スポーツ課は，市民の運動実践の中心に「ウォーキング」を取り上げてきました．まず，1993年市内を21地区に分けて，成人を対象に"てくてく健康ウォーク"教室を開始しました．その後，5月にストックを両手に持って湯野浜海岸の砂浜を歩く"ノルディック・ウォーク"（1999年から），10月に（社）日本ウオーキング協会公認の"里山あるき"（1998年から），2月に和かんじきをはいての"雪上ウォーク"（2000年から）を，毎年定期的に開催してきました．

　　そして，1日で終わるウォーキング・イベントだけでなく，イベント参加に向けて日ごろから歩く"50万歩への挑戦"（1998年から）という呼びかけも続けてきました．希望者に冊子"ウォーキング日記"を毎年配布し，5月から8月までの4ヵ月間，毎日歩いた歩数を記入してもらい，合計50万歩以上歩いた人に達成証と記念品を授与するという事業です．毎年1,500名から3,000名の人々が挑戦し，200名近い人が達成しています．このようにして，10年前に比べてウォーキング人口が増加したことは，鶴岡市の多くの住民が認めるところとなっています．

　　ウォーキングを実践する人が増えたからといって，すぐに医療費の節減に効果があったとはいえないかもしれません．しかし，2002年度の老人（国保）一人当たりの医療費を比較すると，全国平均が73万円に対し山形県平均は62万円と全国で45位と少なく，鶴岡市はそれよりもさらに少なく59万円となっていました．そして，1998年度からの推移をみると，2000年度から県平均を下回り，その後も毎年減少していたのです．偶然だともいえますが，ちょうどウォーキング・イ

ベントが中高年齢者の間で定着するようになったころからだったのです．

とにかく，全国平均と比べて一人当たり1年間に14万円近く少ないのです．鶴岡市の場合老人医療受給者数は1万7千人ですから，計算すると2002年度には総額23億8千万円が節減されたことになります．この節減される差額の一部を，運動施設の維持管理，そして，運動指導者への手当てにまわせば，さらによりよい方向へまわり始めることが期待されます．

鶴岡市には市営の室内温水50mのプールがあって，2,000人を越える子どもと500名近くの成人が定期的に利用しています．また，総合型地域スポーツクラブも順調に発展しています．これらも医療費節減の要因となっているのでしょう．そして，健康・福祉課の取り組みも見逃せない要因です．

とにかく，運動習慣を保持するのは，本人の自覚があってのことです．しかし，運動施設づくり，動機づけとなるイベントの開催など，行政サイドからの働きかけが肝要です．それぞれの市町村でも鶴岡市の事例を参考にして，運動指導の専門家が先頭に立って運動を実践する人口を増やす活動に励んでもらいたいと思います．その結果は，きっと毎年値上がりしていく医療費・介護費の抑制となって現れるでしょう．

その活動の参考になればと，これまでに蓄積してきた"身体運動の科学"の研究成果を踏まえて，"年齢に応じた運動のすすめ"をまとめてみました．

2003年12月

宮下　充正

Contents

序　章　なぜ運動をすすめるのか …………………………………… 1
　　1．わが国の福祉施策 ………………………………………………… 2
　　2．福祉には総合的対応が不可欠 …………………………………… 3
　　3．年齢に応じた運動指導の必要性 ………………………………… 4

第1章　子どもをたくましく育てよう ……………………………… 7
　　1．子どもの現状 ……………………………………………………… 8
　　　1）子どもの学力低下と体力低下 ………………………………… 8
　　　2）二極化が進む子どもの体力・運動能力 ……………………… 9
　　　3）子どもには環境を整えてあげることが必要 ………………… 9
　　2．たくましい子に育てる …………………………………………… 10
　　　1）ひ弱な子どもをたくましく …………………………………… 10
　　　2）"たくましさ"とは ……………………………………………… 10
　　3．筋肉の働きの理解 ………………………………………………… 11
　　　1）「身体的たくましさ」を表出するのは筋肉 …………………… 11
　　　2）筋肉の特徴を決める筋線維 …………………………………… 12
　　　3）筋線維の割合は生まれつき …………………………………… 13
　　　4）筋肉の活動を引き起こすATP ………………………………… 14
　　　5）ATPの再合成 …………………………………………………… 15
　　　6）タイプⅡ線維は疲れにくくなる ……………………………… 16
　　4．"たくましさ"向上の原理 ………………………………………… 17
　　　1）筋肉を鍛える …………………………………………………… 17
　　　2）"ねばり強さ"を支えるしくみ ………………………………… 17
　　　3）"ねばり強さ"向上のための運動 ……………………………… 18
　　　4）"力強さ"を向上させるための運動 …………………………… 19
　　　5）運動に加えて，栄養と休養が不可欠 ………………………… 21
　　　6）運動技能（スキル）も"身体的たくましさ"発揮には重要 ……… 22
　　5．成長段階に応じた運動指導 ……………………………………… 24
　　　1）上手になること ………………………………………………… 25
　　　2）ねばり強くなること …………………………………………… 27
　　　3）力強くなること ………………………………………………… 27
　　まとめ：育ち盛りは待ってくれない ……………………………… 28

第2章　青年は鍛えなおしてもう一人の自分をみつけよう …… 29
　　1．脆弱な青年とその環境 …………………………………………… 30
　　　1）2つのスポーツ ………………………………………………… 30
　　　2）環境と成長 ……………………………………………………… 31

3）画一化された環境 ……………………………………………… 31
　　　4）筋肉と行動範囲 ………………………………………………… 32
　2．筋肉を鍛えて自分を変える ………………………………………… 33
　　　1）「うつわ」と「なかみ」 …………………………………………… 33
　　　2）特徴ある2つの筋線維 ………………………………………… 33
　　　3）"力強さ"か"ねばり強さ"か …………………………………… 34
　3．青年向けのトレーニング …………………………………………… 34
　　　1）"ねばり強さ"の向上をはかる ………………………………… 34
　　　2）"力強さ"の向上をはかる ……………………………………… 37
　まとめ：青年期は自分から鍛える ……………………………………… 39
　◆レジスタンス・エクササイズ1◆
　　　からだの重みを利用して筋肉を鍛える運動 ………………… 41
　◆レジスタンス・エクササイズ2◆
　　　ダンベルを利用して筋肉を鍛える運動 ………………………… 42
　◆レジスタンス・エクササイズ3◆
　　　ウェイトマシンを利用して筋肉を鍛える運動 ………………… 44

第3章　中年には運動する習慣を身につけさせよう ……… 47

　1．高齢社会と医療費の高騰 …………………………………………… 48
　2．非活動的な生活がもたらすからだの衰え ………………………… 49
　3．運動していない中年 ………………………………………………… 51
　4．加齢にともなうからだの衰え ……………………………………… 52
　　　1）"ねばり強さ"の低下 …………………………………………… 52
　　　2）"力強さ"の低下 ………………………………………………… 53
　5．運動するとは？ ……………………………………………………… 54
　6．どんな運動をすればよいのか ……………………………………… 56
　　　1）ストレッチング・エクササイズ ……………………………… 56
　　　2）ウォーキング（エアロビック・エクササイズ） ……………… 59
　　　3）パワーアップ（レジスタンス・エクササイズ） ……………… 60
　7．運動実践の効果 ……………………………………………………… 62
　　　1）ストレッチング・エクササイズ ……………………………… 62
　　　2）エアロビック・エクササイズ ………………………………… 63
　　　3）レジスタンス・エクササイズ ………………………………… 67
　8．肥満の解消と予防 …………………………………………………… 68
　　　1）体格指数とは …………………………………………………… 68
　　　2）アメリカ・スポーツ医学会がすすめる減量法 ……………… 69
　　　3）脂肪がもっとも多く酸化される運動の強さ ………………… 69
　まとめ：中年には日ごろの運動実践が大切である ………………… 70
　　　1）運動しようという自覚を持つ ………………………………… 70
　　　2）エスカレーターを使わない …………………………………… 71

第4章　高齢者が自立した生活を送れるように ………………… 73

　1．老いるとは ……………………………………………………… 74
　2．老化予防に一番大事なことは運動 …………………………… 75
　3．どんな老い方を選択したいか？ ……………………………… 76
　4．高齢者に望まれる体力 ………………………………………… 76
　5．体力を確かめてみる …………………………………………… 77
　6．加齢と体力の低下 ……………………………………………… 78
　7．トレーニングによる体力の向上 ……………………………… 79
　　1）"ねばり強さ"向上の可能性 ………………………………… 79
　　2）"力強さ"向上の可能性 ……………………………………… 80
　8．運動するときの注意点 ………………………………………… 83
　9．運動中止のサイン ……………………………………………… 84
　まとめ：高齢者向けの運動施設と指導者が不可欠である …… 84

第5章　疾病・障害を有する人も運動しよう ………………… 87

　1．病で倒れても，立ち直ろうとする努力 ……………………… 88
　2．私は病気とどう付き合ってきたのか ………………………… 89
　3．病気とはどんな状態なのか …………………………………… 89
　まとめ：どんな運動をすればよいのか ………………………… 90

終　章　だれにでもできる水泳・水中運動 …………………… 93

　1．水泳・水中運動施設の増加 …………………………………… 94
　2．水中運動の生理学的，力学的特徴 …………………………… 94
　3．水泳・水中運動に必要な施設，設備，用具 ………………… 95
　　1）プールの望ましい構造 ……………………………………… 95
　　2）水泳・水中運動の用具 ……………………………………… 96
　4．水泳・水中運動の方法 ………………………………………… 96
　　1）ウォーミング・アップとストレッチング・エクササイズ …… 96
　　2）レジスタンス・エクササイズ ……………………………… 96
　　3）エアロビック・エクササイズ ……………………………… 96
　5．水泳・水中運動の効果 ………………………………………… 101
　まとめ：水泳・水中運動では事故防止に最善をつくす ……… 102

　参考文献 ……………………………………………………………… 103

序章
なぜ運動をすすめるのか

1. わが国の福祉施策
2. 福祉には総合的対応が不可欠
3. 年齢に応じた運動指導の必要性

1. わが国の福祉施策

　わが国の福祉は，欧米に比べて遅れているといわれてきました．しかし，21世紀になって，介護保険制度の発足とともに，「福祉」はわが国の重大な施策のひとつとなりました．この背景について，経済学専攻の塩野谷祐一は次のように述べています．「資本主義的市場経済の弱みはすべての価値が"効率"に従属することにある．そこからさまざまな不公正（市場の失敗）が生み出され，これを是正するために，政府が社会的正義のもとに，医療・年金・介護など福祉充足のための資源的配分を試みてきた．しかし，これが財政的危機（政府の失敗）を招いて，福祉国家は危機に瀕するようになった．」（塩野谷，2002）．

　わかりやすくいうと，わが国の選択した資本主義経済政策は，とにかく"お金をもうけよう"としてきたのです．例えば，わが国では，エネルギーの主力は石炭でした．ところが石炭資源の欠乏もあったのでしょうが，安く輸入できる石油へと変えてしまいました．そのため石炭関連の企業に従事してきたたくさんの人々が職を失ってしまったのです．同じように，亜鉛などの非鉄金属鉱山の廃止がすすみ，失業者が増えてしまいました．

　経済の効果からみれば必然のことかもしれません．しかし，効率よく"お金をもうける"ためという政策の推進によって，収入の道を失ってしまった人々や社会的弱者と呼ばれる人々が，貧しい状態に残されてしまったのです．

　幸いなことに，国の経済は右肩上がりが続いてきましたから，余った利益を老人医療費や年金などの福祉関連の施策へまわすことができたのです．しかし，国の経済がうまくいかなくなると，社会的弱者に対する補助は減少してしまい，医療費の個人負担や介護保険料の値上げとなっているのです．こうして，福祉施策は見直しがはかられるようになってきたのです．

　そもそも「福祉」という言葉は，どんな意味を持っているのでしょうか．日本語の辞典によれば，「福祉」とは，「幸福．人々が幸福で安定した暮らしができる環境，また，その実現のための施策．」（日本語大辞典，講談社），「幸福．公的扶助やサービスによる生活の安定，充足．」（広辞苑，岩波書店），「幸福．特に，社会の構成員に等しくもたらされるべき幸福．」（大辞林，三省堂）となります．

　これらいずれの定義も，私には物足りなく思えますし，また納得できません．そこで私は，「福祉は，共生する人間それぞれの生存を互いに保障し合うこと」と定義しました（宮下，1997a）．

　このように定義すれば，数カ月，数年といった短いスパンでは，からだの弱い人は少しでも強い人に近づくような，強い人は強い人であることを保持できるような「しくみ」が必要になります．

一方，十年から数十年といった長いスパンでは，弱い人がより一層弱い人になるまでの時間，あるいは，強い人が弱い人になるまでの時間を，できるだけ延ばせるような「しくみ」が考えられなければなりません．

　このように考えると，「福祉」は寝たきりの老人を介護するばかりではなく，介護を必要としない状態にまで回復させたり，あるいは，介護する人も余裕をもって介護に当たれる能力を保持できるようにさせたりすることも含まれるのです．

　このことを実現するためには，社会学専攻の今田高俊が「社会保障を含む手厚い福祉サービスの供給は，人々の依存体質やただ乗り意識を高め，自己責任でリスクを回避する能力を低下させてしまう．必要なことは，水膨れした福祉国家をリストラして，自己責任にもとづいた自助を拡大することである．」と述べています（今田, 2003）．社会を構成する人々の自己責任に基づく「良き生」，「善き社会」を実現しようという自覚が不可欠なのです．

2．福祉には総合的対応が不可欠

　弱い人を単に保護するばかりではなく，弱い人を強い人にさせたり，あるいは，強い人であるという状態を保持できるようにさせたりするのも「福祉」と，福祉施策の対象を拡大して考えることを提案してきました．

　しかし，弱い人を強い人にさせるのは「治療」であり，強い人であるという状態を保持させるのは「体育」であるという人がいるでしょう．そういった区分けは，「治療」が厚生労働省，「体育」が文部科学省という縦割りの施策であって，それでは合理的で完全な「福祉」はもたらされません．

　例えば，「福祉」の中で経済的負担が増大すると予想される介護について説明してみましょう．ある社会を構成する人数には限りがありますから，たとえ介護のための予算を増やしたとしても，介護にたずさわれる適性を有した人を十分な人数を集めるのに限界があります．だとすれば，介護を要する人の数を抑えることも，福祉施策に欠かせない重要課題とならざるを得ないのです．

　先にも紹介しましたが，高度経済成長がもたらした医療・年金・介護など福祉充足のための配分が，財政的危機のために不十分となったわが国では，待ったなしの課題となっているのです．

　介護に疲れて病に伏す例は，よく耳にする話です．介護の仕事は，「上体の前屈や中腰の姿勢を保つ」，「重いものや人を抱える」，「上肢をくり返し使う」ことが多くみられます．そして，実際介護者のアンケート調査によると，「腰が痛い」，「肩がこる」という身体的な疲労に悩まされるという回答が60％にも上り，疲労が「いつも残る」，「しばしば残る」，「ときどき残る」と答えた人は70％を越

えているのです（宮下・福崎，2001）．

そして，要介護者の増加にともなって，長期にわたって介護に従事する場合が増え，運動器官にさまざまな障害が発生し，十分な介護が続けられなくなる人がみられるようになっているのです．

また，別の調査によれば，いわゆる体力に余裕のある人の方が，介護後の疲れが少ないと報告されています（島岡ら，1997）．言い換えれば，介護の仕事が負担となるかどうかは，介護者の体力水準との相対的な問題なのです．当たり前の話ですが，同じ介護をするなら，からだが強い方が疲れが少ないのです．

以上のことから，介護者自身に体力を高める必要性を十分認識してもらうことがきわめて重要となります．そして，日常生活の中での適度な運動実践によって体力を高めることができること，体力が増強されれば相対的に介護の仕事を軽減させることになるという事実をよく認識してもらうことも重要となるのです．

3．年齢に応じた運動指導の必要性

ところで，人間は行動能力が未熟な状態で誕生します．そのため，誕生直後から親を中心とした周囲の人々の手厚い援助がなければ行動できませんし，運動実践が不足すれば自由な行動ができる成人になることが難しいのです．

他方で，65歳を過ぎるころから老化による変化が目立つようになります．そうなると歩いていても歩幅が狭くなったり，杖などの補助具が必要になったり，終には自立して動けなくなる人もでてきます．それを食い止める唯一の方法は運動を実践することなのです．

図序-1　私たちの社会は，さまざまな人々によって構成されている

また，生物的に充実した20歳から65歳までの人でも，先天的に運動障害を有していたり，病気や事故でからだを自由に動かすことが困難になったりする人がいます．そういった人でも，運動を実践することによって，うまく動けるようになったり，あるいは，からだの他の機能が向上したりする可能性があるのです．
　いずれにしても，それぞれの個人の年齢やからだの状態に応じた運動実践が重要であると主張したいのです．

第1章
子どもをたくましく育てよう

1. 子どもの現状

2. たくましい子に育てる

3. 筋肉の働きの理解

4. "たくましさ"向上の原理

5. 成長段階に応じた運動指導

まとめ：育ち盛りは待ってくれない

人間のからだは，遺伝子の作用に基づいて，生まれた時から時間が経過するとともに成長していきます．この時間の経過に合わせて，働きかけ（環境因子）がうまくなされることによって，からだを動かすいろいろな機能は遺伝的に決められた上限にまで発達することができるのです．

1．子どもの現状

1）子どもの学力低下と体力低下

　21世紀になって，マラソンの高橋尚子選手に続いて，野球のイチロー選手の快挙は多くの日本人を喜ばせてくれました．質は違っているにしても，白川秀樹，野依良治，小柴昌俊，田中耕一氏と続いたノーベル賞受賞と同じように，日本人の能力の高さが世界的に認められたことになります．

　後者の快挙に対して，政府は「50年間に30人程度のノーベル賞受賞者を出す」という目標を掲げて，科学研究振興への補助金増額を検討しています．スポーツでも，日本オリンピック委員会は金メダル獲得目標数を掲げて選手強化費を要求しています．

　一方，子どもたちの学力低下が指摘され，わが国の教育のあり方がいろいろと検討され，具体的な方策が講ぜられようとしています．同じように，子どもの体力が低下し続けていることは，毎年10月の「体育の日」に発表される統計結果から，だれでも知っている事実です（図1-1）．ところが，子どもの体力の低下を防止する施策については，まったくといっていいほど表立った具体的な検討がなされていません．

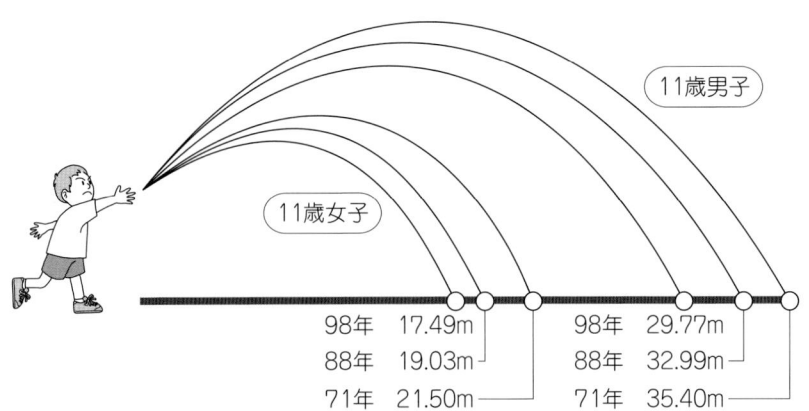

図1-1　ソフトボール投げの成績は年々低下している
（文部省：体力・運動能力調査．1999）

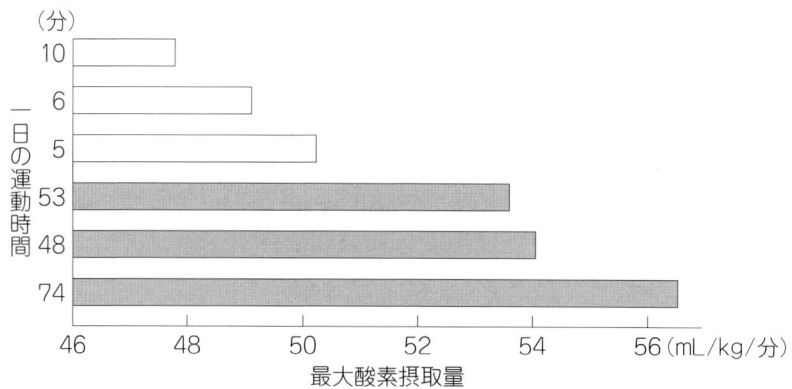

図 1-2　心拍数が 150 拍／分を超えるような激しく運動する時間が長い子どもは体力に優れているが,短い子どもの体力は劣っている（Atomi et al., 1986 の資料より作成）

2) 二極化が進む子どもの体力・運動能力

　先に述べたように,スポーツ界でもわが国から世界的に活躍する選手が誕生しています.その背景には,たくさんの子どもたちがそれらのスポーツに参加し,活発に身体活動をしていることがあります.ところが,過去 30 年間にわたって体力・運動能力の全国平均値が年々低下しているという事実は,子どもの間で「運動する子」と「運動しない子」という二極化が進行し,「運動しない子」の割合が増加したことを物語っています（図 1-2）.

　その結果として,"肥満症,高血圧症,高脂血症など成人にみられる生活習慣病が子どもに多くみられるようになった",また,"駅のホームや電車の床にすぐに座り込んでしまう子どもたちが目立つようになった",といわれるのではないでしょうか.

3) 子どもには環境を整えてあげることが必要

　定期健康診断の結果,医師から運動不足を指摘されれば,成人は自分から運動しようと思います.しかし,子どもたちはそのような自覚が持てないのです.親や教師が,遊び場,グラウンド,体育館など運動する環境を整え,運動を実践するように指導しなければ,からだを動かそうとはしません.

　唯一法的に保障されている運動する時間,学校教育での「体育」の授業時間数は,2002 年 4 月からこれまでの 105 時間から 90 時間へと短縮されてしまったのです.

2. たくましい子に育てる

1）ひ弱な子どもをたくましく

　子どもの体力が低下し続けているという事態に，どう対処したらいいのでしょうか．たとえ，学校での総合学習の中で運動させるといってもまかないきれるものではありません．先に述べたように，体力水準の高い「運動する子」は，これまでどおり運動を続ければよいでしょう．大事なことは，割合が増えている体力水準の低い「運動しない子」への対処の方策です．

　とにかく，現代の青年を見ていると，そのほとんどが成長期に運動する機会を十分与えられず，"たくましく"育てられてこなかった，このように私には見受けられるのです．

　宮沢賢治の有名な詩「雨ニモマケズ」の中に，次のような部分があります．

　「東ニ病気ノコドモアレバ，行ッテ看病シテヤリ，西ニツカレタ母アレバ，行ッテソノ稲ノ束ヲ負ヒ」

　このように，困っている人があればいつでも手助けができる，という健康で体力のあるからだを，若い人たちには持ってもらいたいものです．

　育ち盛りは二度とくり返せません．これから青年期を迎える世代，すなわち，子どもを対象として"たくましく"育成していくための働きかけを，ここでは解説したいと思います．

2）"たくましさ"とは

　私たちは，受け継いだ遺伝子の組み合わせが違います．また育ってきた環境も違います．ですから，人それぞれで，"たくましさ"のレベルにかなりの違いがあるのです．しかし，どんな人でも努力することによって，これまでのレベルよりは"たくましく"なることが可能であることを，まず指摘しておきたいと思います．

　ところで，"たくましさ"には2つの側面があります．ひとつは，外から受ける，受動的側面としての「精神的たくましさ」です．もうひとつは，外へ働きかける，能動的側面としての「身体的たくましさ」です．

　なぜ，ここで「精神的たくましさ」を受動的と表現するかというと，思いどおりに事が運ぶようであれば「精神的たくましさ」が必要ないからです．「精神的たくましさ」は，自分自身の度重なる"失敗"や，他人からの"いやがらせ"，"いじめ"に対して，深刻にならないように対応できる"たくましさ"です．俗に"打たれ強い"といわれますが，これに当てはまるかもしれません．

　「身体的たくましさ」は，目的を達成するために，すばやく，力強く，あるい

はねばり強く行動できる"たくましさ"です．

「精神的たくましさ」も「身体的たくましさ」も，同じ人が所有しているものですから，お互いに深く関連し合っています．例えば，「精神的たくましさ」を表す根性です．きびしい鍛錬に耐えられる精神力をいいます．この根性は，鍛錬を継続することによって生じる疲労，苦痛を乗り越えていく「精神的たくましさ」であります．ですから，「身体的たくましさ」を向上させるのに，欠かせない要因のひとつといえます．

また，自分には体力があるという「身体的たくましさ」を持っている自信，これは，失敗を重ねても失敗によるダメージを軽減してくれるでしょう．

"たくましさ"のこのような2つの側面は，からだの連絡網を構成している神経系からみると，自分の意思，意識によってコントロールできる中枢神経系と，末梢神経系のうちの体性神経系とがかかわっています．

一方，意識とは無関係に，内臓，分泌腺，血管などに分布して，自動的に働いている末梢神経系のうち，自律神経系が関係する"たくましさ"があります．例えば，寒さ，暑さに耐えられる"たくましさ"です．あるいはまた，3,000mを越える高山に登ったときの低酸素に耐えられる"たくましさ"です．ここでは，これを「自律的たくましさ」と呼んでおきます．

ところで，"失敗は成功の基"といわれますが，失敗するという経験を得ることが，「精神的たくましさ」を身につけるためには役立つかもしれません．同じように，「自律的たくましさ」を向上させるために，寒いところに薄着でいるとか，暑いところで運動する，といった経験を積むことは必要でしょう．

しかし，どの程度の経験が適当であるかといった点が，必ずしもはっきりしていないのです．失敗が続けば，精神的に参ってしまいます．暑いところで運動を続ければ，熱中症にかかってしまいます．

ですから，ここでは，これら「精神的たくましさ」と「自律的たくましさ」の面には触れずに，「身体的たくましさ」に焦点を当てることにします．

3．筋肉の働きの理解

1）「身体的たくましさ」を表出するのは筋肉

「身体的たくましさ」は，身体運動の中に現れます．そして，私たちは，身体運動を見てどのくらい"たくましさ"があるのか知ることになるわけです．この身体運動は，筋肉によって引き起こされますから，まず，筋肉について理解しておくべきです．

だれでも熱いものに手を触れたとき，無意識のうちに手を引っ込めます．これを反射動作といいます．このような反射動作を除いて，ほとんどの身体運動は，

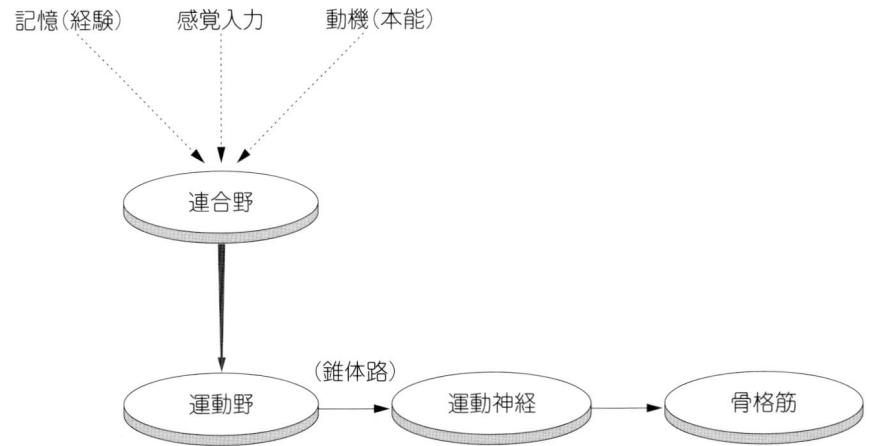

図1-3 随意動作は,矢印で表される経路を電気的興奮が通ることによって表出される（宮下, 2002a）

それぞれの目的を理解し,状況を判断し,目的を達成するように遂行されます.
　目的にしたがって調整される身体運動を,生理学的には随意運動と呼びます.随意運動は,運動するという意志によって,大脳にある運動野と呼ばれるところの神経の細胞を電気的に活性化させます.このことを,専門用語で「神経細胞が興奮した」といいます.この興奮が,錐体路と呼ばれる神経系の経路をたどって,脊髄にある運動神経に伝えられます.
　それぞれの運動神経は,特定の筋肉の細胞,すなわち,筋線維に連結していて,興奮は筋肉に伝えられることになります.その結果,筋肉の活動が引き起こされ,運動が発現するのです（図1-3）.

2) 筋肉の特徴を決める筋線維

　ところで,筋肉を構成する細胞である筋線維は,2つに大別されます（図1-4）.それは,タイプⅠ線維とタイプⅡ線維です.タイプⅠ線維の特徴は,"短縮速度がゆっくりしていること","発揮できる力は弱いこと",しかし,"疲れにくいこと",があげられます.このような特徴から,タイプⅠ線維を,遅筋線維とも呼びます.
　対照的に,タイプⅡ線維の特徴は,"短縮速度が速いこと","発揮できる力は強いこと",しかし,"すぐに疲れてしまうこと",があげられます.このような特徴から,タイプⅡ線維を,速筋線維とも呼びます.
　筋肉を構成する2つの種類の筋線維,タイプⅠ線維とタイプⅡ線維の構成割合は,ふつうの人では半々です（図1-5）.
　ところが,偏りのある人がいます.例えば,長時間走り続ける持久性に優れ

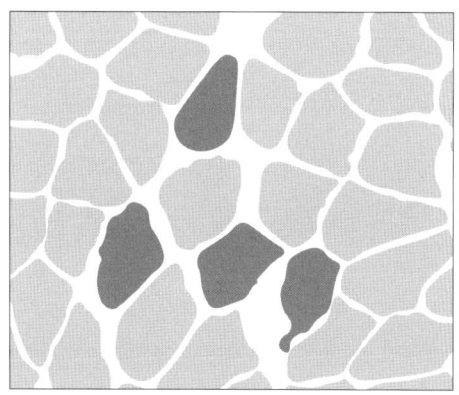

図1-4 筋肉を構成するタイプⅠ（遅筋）線維とタイプⅡ（速筋）線維
薄いグレーの部分はタイプⅠ（遅筋）線維，濃い部分はタイプⅡ（速筋）線維．この2種類の筋線維から筋肉は構成されている．

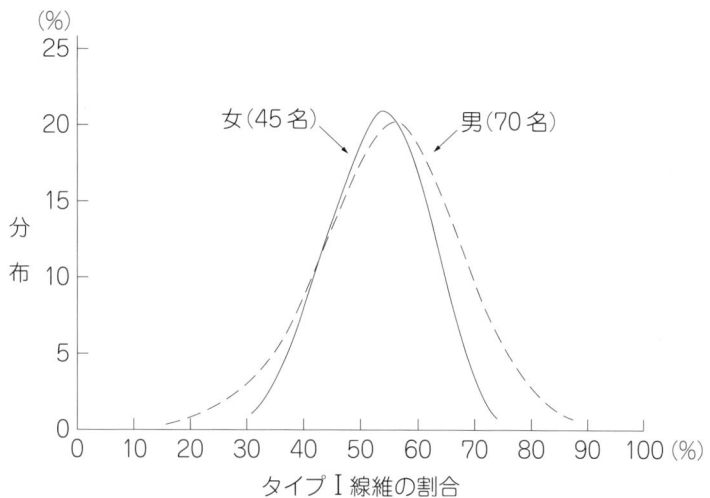

図1-5 太ももの筋肉（外側広筋）を構成する筋線維は正規分布する
(Saltin et al., 1977)

た，マラソン選手の大腿，ふともも，の筋肉は，タイプⅠ線維が80％以上ある，と報告されています．

ところが，これとは対照的に，瞬発性に優れたスプリンターの，大腿の筋肉には，タイプⅠ線維は40％しか存在していません．すなわち，タイプⅡ線維が60％を占めているのです．

3) 筋線維の割合は生まれつき

筋線維にタイプⅠ線維とタイプⅡ線維という違いが生じるのは，生まれた後相当早い時期であろうと推定されています．そして，その構成割合は，一卵性双生

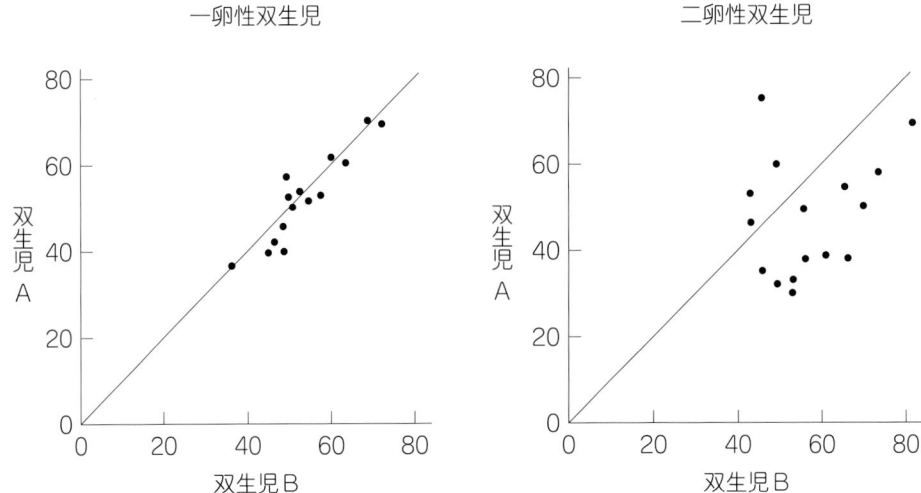

図 1-6 筋線維の数の割合は遺伝的に決まっている (Komi et al., 1977)
15 組の一卵性双生児と 16 組の二卵性双生児（11～24 歳）の外側広筋の筋組成を比較した．

児と二卵性双生児とを比較した研究から，遺伝的要因が強く働いているとみられています．

例えば，一卵性双生児の一人 A 児のタイプ II 線維の割合が 40％であれば，B 児は 42％とほとんど同じであるのに対し，二卵性双生児の場合，A 児のタイプ II 線維の割合が 40％であっても，B 児は 60％というように大きな違いがみられるというのです（図 1-6）．

また，競走馬でサラブレッドと呼ばれる馬がいます．サラブレッドは"家がら・育ちのよい人"を指すときに使われます．このサラブレッドの脚の筋線維は 85％がタイプ II 線維であることが報告されています（Snow and Guy, 1980）．およそ 200 年かけて，走るのが速い馬を交配し続けてきたために，今のサラブレッドは速く走るのに適した筋線維，すなわち，タイプ II（速筋）線維の割合が大きくなっているのです．このことからみても，筋線維の構成割合は遺伝的要因によって決められていると推論できるのです．

4) 筋肉の活動を引き起こす ATP

では，筋肉が活動するためのエネルギーは，どのようなからだのしくみからもたらされるのでしょうか．

筋肉内にあって直接の動力源として働いているのは，ATP と呼ばれるアデノシン三リン酸です．この ATP が，アデノシン二リン酸（ADP）とリン酸（Pi）とに分解するときに生じるエネルギーが，筋肉の活動に使われます．これをエネルギー利用代謝と呼びます．

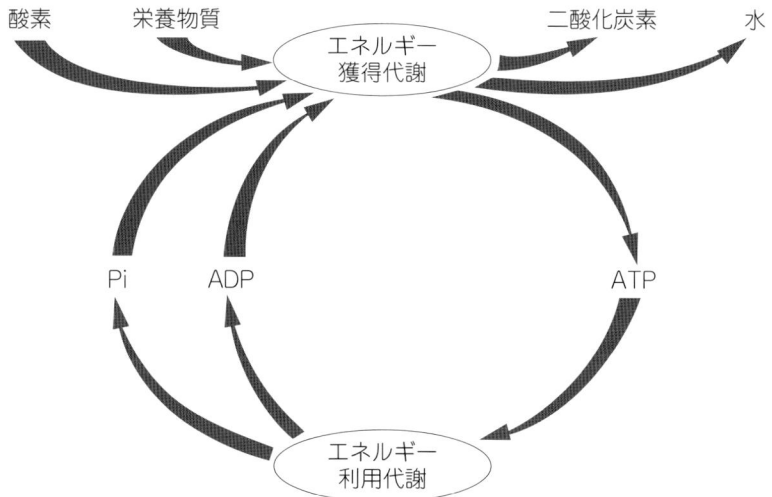

**図1-7 人間の運動はエネルギー獲得と利用の代謝が平行して行なわれる
ことによって成り立つ**（宮下, 1988）

　ところが，ATPは筋肉の中には，わずかしか含まれていません．直ちにATPが合成されなければ，筋活動は維持できないのです．ですから，ATPの分解でできたアデノシン二リン酸を再び利用して，ATPを合成しています．これを，"ATPの再合成"と呼び，エネルギー利用代謝に対して，エネルギー獲得代謝と呼びます（図1-7）．

5）ATPの再合成
　"ATPの再合成"は，大きく分けて，酸素を必要としない無酸素性機構と，酸素を使う有酸素性機構とによってなされます．英語では，無酸素性機構をアネロビック，有酸素性機構をエアロビックといいます．エアロビックは，よく耳にする言葉でしょう．
　無酸素性機構は，高リン酸化合物であるクレアチンリン酸が分解して発生するエネルギーによってATPが再合成される場合と，グリコーゲンがピルビン酸に分解される過程で発生するエネルギーによってATPが再合成される場合とがあります．
　後者の場合，大きな力を発揮するときは，短い間にグリコーゲンがたくさん分解されますから，筋肉内でのピルビン酸の濃度が，急速に高まってきます．そうなると，ピルビン酸は乳酸になります．筋肉中の乳酸の濃度が高まると，疲労してくることになるのです（図1-8）．
　酸素を使う有酸素性機構では，グリコーゲンの分解によって生じたピルビン酸が，筋線維の中にあるミトコンドリアに入り，酸素によって二酸化炭素と水とに

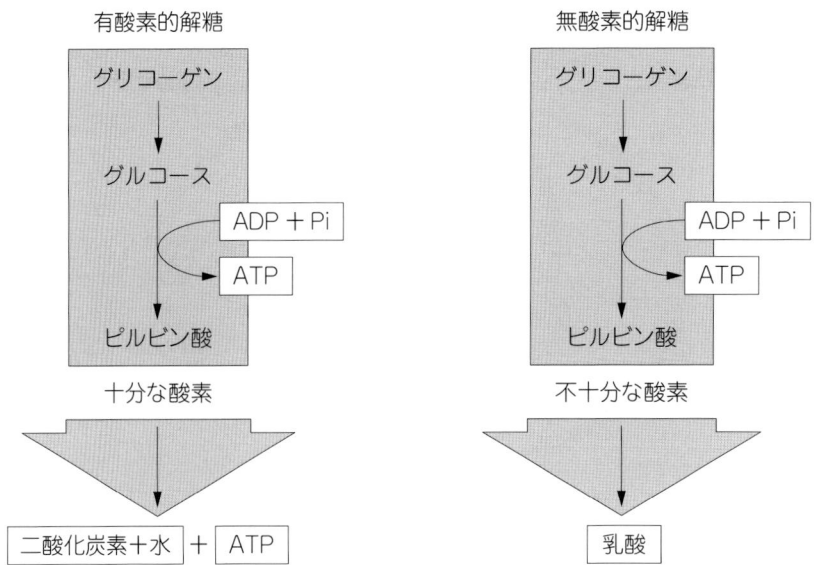

図1-8 ATPは，有酸素的解糖（左）と無酸素的解糖（右）によって再合成される（Fox and Mathews, 1981）

分解される過程で放出されるエネルギーによって，ATPが再合成されます．

ですから，筋肉の活動が多量のエネルギーを必要としない，すなわち，平地を"歩く"というような弱い運動の場合は，酸素の供給さえ十分であれば，乳酸の蓄積はみられず，疲労することはありません．

ここで，つけ加えておきたいことは，タイプI（遅筋）線維は優れた有酸素性機能を持ち，対照的に，タイプII（速筋）線維は優れた無酸素性機能を持つということです．

6) タイプII線維は疲れにくくなる

ところで，「タイプI線維はタイプII線維にならないのですか」，反対に「タイプII線維はタイプI線維にならないのですか」と，よく質問されます．先に，双生児についての研究を紹介したように，生まれてからは，入れ代わることはできないようです．しかし，ある強度以上の運動を継続する，すなわち，"ややきつい"と感じられるトレーニングを続けていけば，変わる可能性があります．それは，疲れやすいタイプII線維を，疲れにくくすることができるということです．

このことは，タイプII線維を何度も活動させて，酸素不足の状態にさせると，しだいに適応してきて，酸素を使えるようになるという変化です．すなわち，無酸素性機能に優れたタイプII線維が，有酸素性機能に優れたタイプI線維に近づくことになるのです．このことについては，第2章のp.34〜37で詳しく解説します．

4. "たくましさ" 向上の原理

1) 筋肉を鍛える

これまで，運動に直接かかわる筋肉について解説してきました．このような筋肉の機構から，"たくましさ"を高めるにはどうすればよいのでしょうか．

ねばり強さを要する身体運動，例えば，長い時間歩くときには，筋肉を構成する2つの筋線維のうち，有酸素性機能に優れたタイプⅠ線維が主役を果たします．

対照的に，すばやさや力強さを要する行動，例えば，50mを全力で走る，あるいは，重いものを持ち上げるときには，無酸素性機能に優れたタイプⅡ線維が主役を果たします．

ですから，2つの筋線維のうちタイプⅠ線維をたくさん持っている人は，優れた持久性能力を発揮できる可能性が高いわけです．対照的に，タイプⅡ線維をたくさん持っている人は，優れた瞬発性能力を発揮できる可能性が高いことが期待されます．ところが，ふつうの人々は半々に持っているので，どちらの能力もある程度高めることができる可能性を持っているのです．

ここで，なぜ"できる可能性を持つ"と表現したのかというと，筋肉は環境に適応しやすい組織だからです．例えば，骨折したときギプスをはめられ動けなくなると，急速に細くなって，衰えていってしまいます．反対にレジスタンス・トレーニング（ウェイトトレーニング等，何らかの『抵抗』を用いて筋力を鍛えること）によって鍛えると，太くなって，大きな力が発揮できるようになります．これらの現象を身近に見た人は多いでしょう．

2) "ねばり強さ" を支えるしくみ

ではまず，ねばり強さ，すなわち，持久性能力の向上について説明します．ねばり強さは，筋肉が長時間活動することによって支えられます．先に説明したように，筋肉の活動を持続させるには，その筋肉へエネルギー源を供給し続けなければなりません．このために，ATPを再合成するのに使われる酸素と糖質，脂質を筋肉内部へ十分に，そして，円滑に送りとどけることが必要となります．そして，ATP再合成の際に生じる二酸化炭素と水とを，スムースに排出することも必要です．これらは，血液の循環がいかに能率よく行なわれるかによっているのです．

エネルギー源を全身に送り届ける血液循環は，血液を送り出すポンプの役目を果たす心臓，血液が通る血管，酸素と二酸化炭素とが交換される肺，といったいくつかの器官から成り立っています．ですから，それらの機能を向上させることが，ねばり強さを向上させることになるのです（図1-9）．

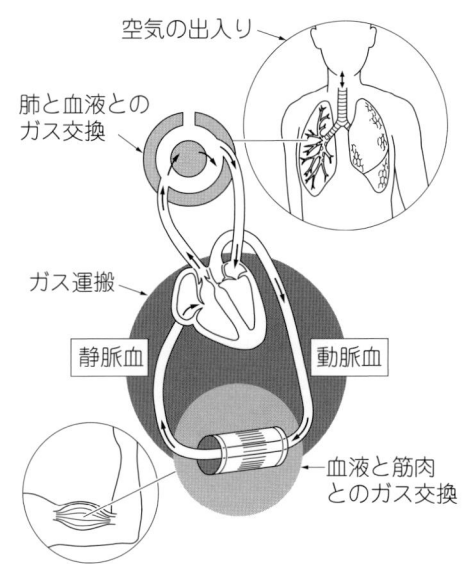

図1-9 筋肉の長時間にわたる活動は，肺，心臓，血管という呼吸循環機能によって支えられている（Fox, 1984）

次に，筋肉内でのATPの再合成の化学反応が，能率よく行なわれることが必要となります．

筋肉内でのATPの再合成は，大部分タイプⅠ線維にあるミトコンドリアの中で行なわれますから，ミトコンドリアが多いこと，酸化酵素が豊富にあることが，ねばり強さ向上の重要な要因となるのです．

3）"ねばり強さ"向上のための運動

では，ねばり強さの向上をもたらす運動には，どんなものがあるのでしょうか．運動の種類としては，歩く，走る，泳ぐ，こぐなど，大きな筋肉がたくさん活動するリズミカルな反復運動があります（図1-10）．そして，運動の強度，時間，頻度は次のとおりです．

運動する強度は，主として働く筋肉を構成するタイプⅠ線維のほとんどを，活動させる程度．

この運動の強さの程度を見きわめる基準としては，全身を循環する血流量を推定する心拍数があります．運動中に心臓が，どのくらいドキドキしているかです．心拍数は，推定最高心拍数の75％，20歳未満であれば1分間におよそ150拍が目安となります（後出図3-10参照）．最高心拍数とは，心臓がもっとも激しく活動するときの心拍数です．その75％程度ということは，全力で運動するのではないことを，意味しているのです．もうひとつの見きわめる基準は，タイプⅡ線維が活動に参加しているかどうか（無酸素性作業閾値）を判断する血中乳酸

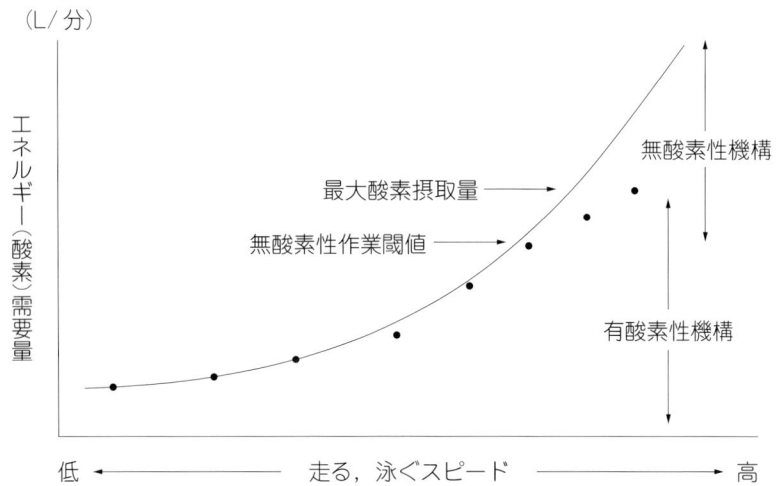

図1-10 リズミカルな反復運動のスピードが上がれば，エネルギー需要量は増加していく（宮下，1988）
有酸素性エネルギー機構は最大酸素摂取量まではまかなえるはずであるが，すでにあるスピード（無酸素性作業閾値）からは無酸素性エネルギー機構も利用されていて，乳酸が蓄積されはじめ運動を長い時間続けることはできない．

濃度です．先にも説明しましたが，無酸素性機構によって筋肉の活動が保持されると，乳酸が蓄積されます．ですから，血中乳酸濃度が，それほど疲れを感じさせない，一定レベル以下であるかどうかが判断基準になるのです．現在では，血中乳酸濃度は指先に針をちょっと刺すだけの測定器で，簡単に測ることができます．目安となる血中乳酸濃度は 4mmol/L です．

・運動する時間は，1日に20～60分間
・運動する頻度は，1週間に3～5日

このような運動を実践していくと，心臓が血液を送り出せる量，心拍出量が増加します．また，肺が1回の呼吸で入れ替えできる空気の量，肺換気量が増加します．さらに，筋肉の中を張りめぐる毛細血管の数が増えます．そして，糖質や脂質が酸化されるところであるミトコンドリアの数が増加します．

こういった，からだのいろいろな部分に運動の効果がはっきり現れ，ねばり強さが向上するまでの期間は，10週から12週間です．今日運動したから明日から効果が現れる，あるいは，2日から3日運動したから次の週にははっきり効果が現れる，というものではありません．からだの仕組みが変わるには，それなりの長い時間がかかるのです．

4）"力強さ"を向上させるための運動

次に，すばやさ，力強さを向上させる身体運動について解説しましょう．筋肉

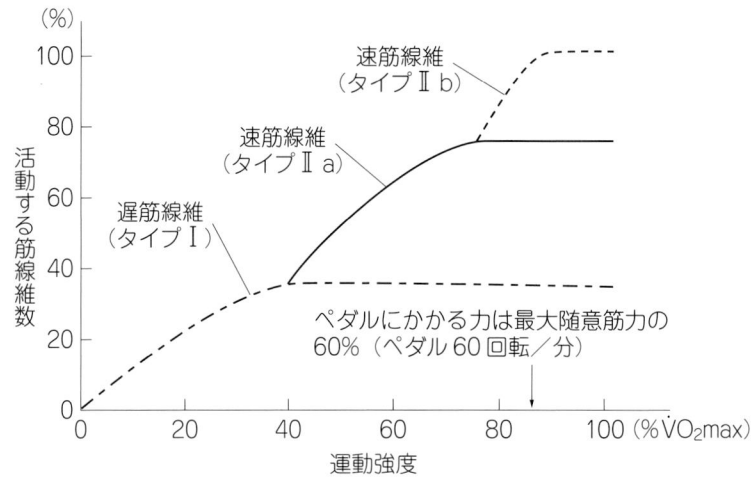

図 1-11　自転車エルゴメータをこぐとき，ペダルにかかる力が増加するにつれて活動する筋線維の数が増えてくる（Sale, 1987 を一部改変）

を活動させるとき，発揮する力が弱いときは，タイプⅠ線維が活動すれば十分です．そして，発揮する力が強くなると，その力に応じてタイプⅡ線維も，活動に参加してくるのです（図 1-11）．ですから，力強さの向上をもたらす運動は，全力に近い程度の運動ということになります．すなわち，意識を集中して，対象となる筋肉に含まれるすべての筋線維が運動に参加するような，力強い運動をしなければ効果が現れません．

　運動様式としては，ダンベル，バーベルのような重い物を，重力に逆らって持ち上げるのが一般的です．そして，対象となる筋肉が最大努力で 1 回持ち上げられる重さの 80％程度のダンベルかバーベルを使います．そして，それらを持ち上げる運動を，8～12 回反復します．このような運動を，休憩をはさんで 2～3 セット行ないます．運動の頻度は，1 週間に最低 2 日です．毎日やるのは，やりすぎです．

　このような運動を実践することによって，筋肉は太くなり，より大きな力が発揮できるようになります．そうなったら，重量を増やして運動しなければ，それ以上の増大はもたらされません．少しずつ重量を増やしていくのです（図 1-12）．

　すばやさと力強さを発揮するときは，同じタイプⅡ線維が主役となって活動します．ところが，運動を遂行するスピードで，その効果が違ってくるのです．ゆっくりとした動作で行なう運動では，ゆっくりな動作のときに発揮する力が向上します．反対に，速い動作で行なう運動では，すばやい動作のときに発揮する力が向上してくるのです．ですから，どんな場面での力を向上させたいのか，という目的に合わせて，運動するスピードを選ぶべきなのです（図 1-13）．

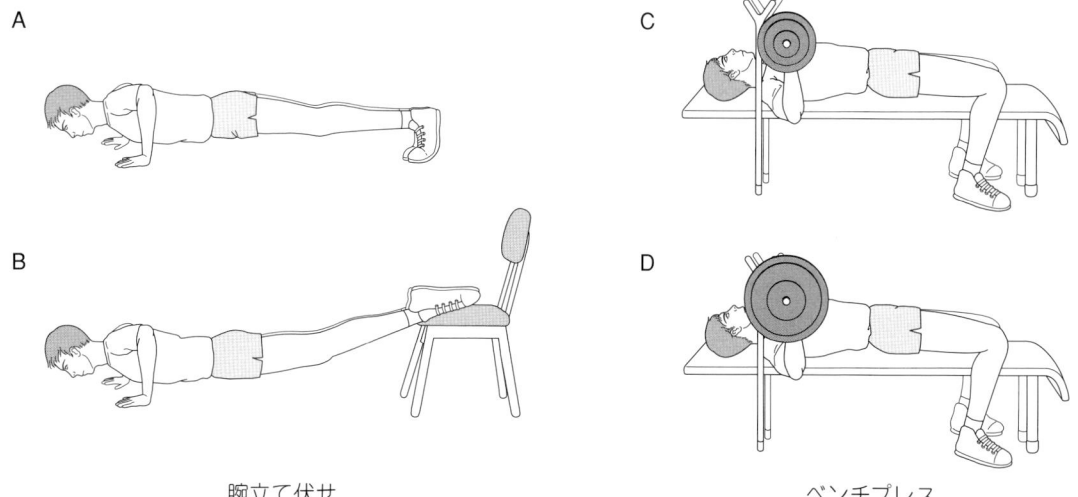

腕立て伏せ　　　　　　　　　　　ベンチプレス

図1-12 ひじをのばす筋肉を鍛える運動では，AからDにしたがって運動強度（負荷）は増大していく

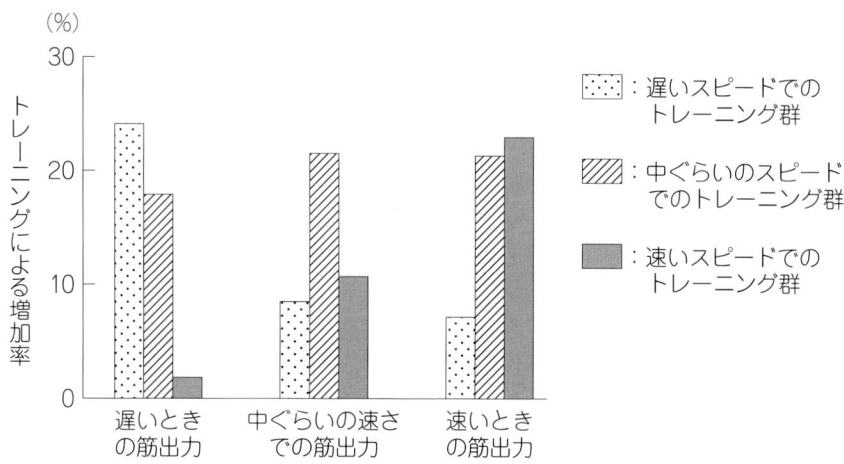

図1-13 筋肉が発揮する力は，スピードによって変わってくるから，トレーニングするスピードは重要である（Kanehisa and Miyashita, 1983）

5）運動に加えて，栄養と休養が不可欠

　ところで，"たくましさ"の保持・増進には，運動以外にも必要不可欠なものがあります．それは，栄養と休養です．

　人間は，睡眠という長い時間の休養を含んで1日を過ごします．そして，目が覚めている間に，からだを動かし，朝，昼，晩の短い休息の間に食事をとります．これを毎日くり返しているのです．

　体内に貯えられていたエネルギーは，眠っているときでも使われます．しかし，運動することによってエネルギーは，安静にしているときの数倍以上に消費

されます．そこで，短い休息をとって食事をして，エネルギー源となる物質を取り入れるのです．

また，運動によって，からだを構成している組織の代謝が盛んになると，組織の一部は損傷してしまいます．長い休息である睡眠は，正常な精神状態を保つ上で必要ですが，運動によって傷ついた組織を元に戻すのにも，重要な役目を果たします．このことは，タンパク質の合成に作用する成長ホルモンの分泌が，睡眠中盛んになることからも推定されるのです．

実践する身体運動の量が多いときに，それだけたくさんのエネルギー源となる物質をとらなければ，体重はしだいに減少してしまいます．体重の減少が著しいときは，運動量を減らすか，食事量を増やすかをしなければ体調を崩してしまいます．

運動と食事の量とのバランスがとれているのに，体重の減少が著しいときは，からだの組織に何らかの障害が発生していることを疑うべきです．

逆に，身体運動の量が少ないのに，たくさんのエネルギー源を含む食事をとることは，からだの中の脂肪の量，体脂肪量の増加となり，肥満してきます．最近，児童，生徒の肥満が増え続けています．

成長期の肥満は，子どもを運動嫌いにさせる危険があります．太ってくると，からだを動かすのが億劫になってきます．運動をしないで食べるというのでは，ますます体重が増加していきます．このような悪循環を招かないように，十分気をつけるべきです．

さらに，エネルギー源の補給ばかりではなく，成長期にあっては，からだを作るタンパク質，ミネラル，ビタミンなどの栄養素の十分な摂取が不可欠です（図1-14）．また，日に日に大きくなっていくからだをつくる時間として，十分な休養も不可欠なのです．

6）運動技能（スキル）も"身体的たくましさ"発揮には重要

「身体的たくましさ」を発揮する身体運動には，状況を判断し目的に合致するようにコントロールする運動技能（スキル）が重要な役目を果たします．ところで，脳・神経系の未発達な乳幼児にみられる身体運動はぎこちなく見えます．また，脳血管障害で脳の一部が機能しなくなった成人は，元のスムースな運動ができません．このような事実からもわかるように，運動技能（スキル）の主役は脳・神経系なのです．

私たちは，自分の意志に基づいて運動します．この運動を随意運動と呼ぶことは先に説明しましたが，随意運動について，さらに詳しく説明します．

まず，大脳にある連合野というところが，見る，聞くといったさまざまな感覚を受け入れます．そして，記憶されている運動のプログラムの中から適当なもの

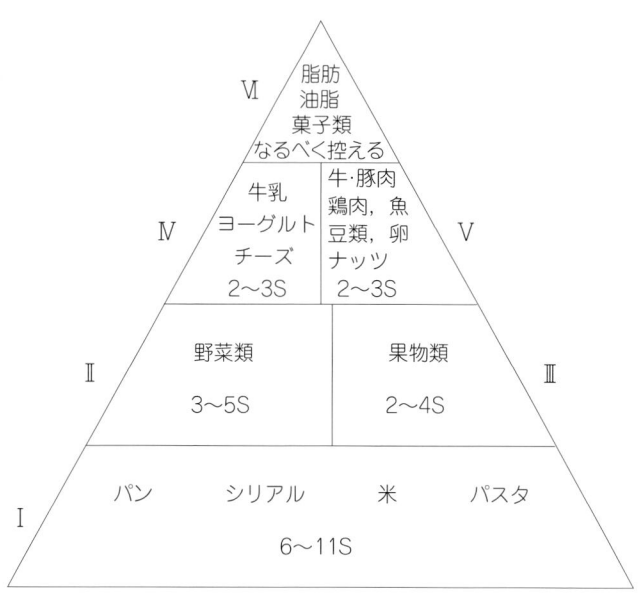

図1-14 アメリカ政府がすすめる1日に摂取すべき食品群（McArdle et al., 1994）
下の方に位置しているものほど摂取量が多いことを意味している．Sは「サービング」という単位で，1サービングは1回に摂取する量のことで，およそ1皿とか1杯と表せるようなものである．

を選択します．その結果を，運動の司令を筋肉へ送る運動野というところへ伝えます．そこから，関係する運動神経へ司令が伝えられ筋肉が活動を開始します．

　運動プログラムは，初めのうちはぎこちないものであって，同じ運動をくり返すうちにスムースになってきます．練習による「ぎこちない」から「スムースになる」という変化の過程では，小脳と大脳基底核が重要な役目を果たしています．小脳では主として運動の時間的調節がなされ，大脳基底核ではスムースにできるような運動プログラムが完成し記憶されます．そうなると，一つ一つ考えながら運動しなくても，その運動をしたいと前頭野が決めれば，記憶された運動プログラムが，自動的に運動野に反映されて，スムースな運動が遂行されるのです．

　とにかく，同じ運動を目的に合致しているかどうか確かめながらくり返し練習することが，スムースな運動プログラムの完成には不可欠なのです（図1-15）．

　運動技能（スキル）が高まり，運動する目的に合うような身体運動が遂行できるようになると，無駄なエネルギー消費が少なくなり，ねばり強さに役立ちます．例えば，マラソンではからだの上下動揺の少ない走り方が，水泳では波のあまり立たない泳ぎ方が，無駄なエネルギーを消費しないですむようにしてくれるのです．

　また，ゴルフやテニスでは，クラブやラケットをバックスイングしてからボールを打ちにいきます．このバックスイングによって，クラブやラケットを振る筋

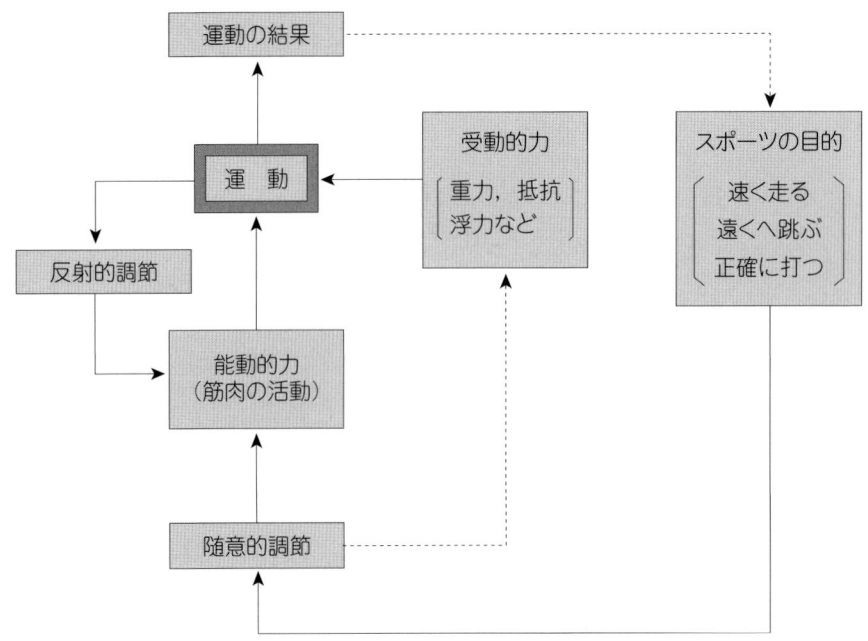

図1-15 目的に合うように運動を反復し，その結果を目的に照らして修正していくことが，運動技能（スキル）の向上には重要（宮下，1988を一部改変）

肉の発揮する力は増強されるのです．このように反動動作を上手に取り入れることができると，力強さを助けることができるのです．

5．成長段階に応じた運動指導

　それでは，"たくましさ"を育てる主眼を，成長段階に応じて，どこに置いたらよいのでしょうか．
　「身体的たくましさ」は，すばやく，力強く，あるいは，ねばり強く行動できる"たくましさ"です．そして，この運動能力は，高度な運動技能によって目的達成の精度が高められます．
　運動技能は，脳・神経系と筋肉が主としてかかわります．「ねばり強さ」は呼吸循環機能と筋肉，特にタイプⅠ線維が主としてかかわりあいます．そして，「すばやさ」，「力強さ」は，脳・神経系，筋肉特にタイプⅡ線維，骨格が主としてかかわっています．
　ですから，それぞれの発達が著しい時期に合わせて，運動を指導した方が効果的であるといえるのです（図1-16）．

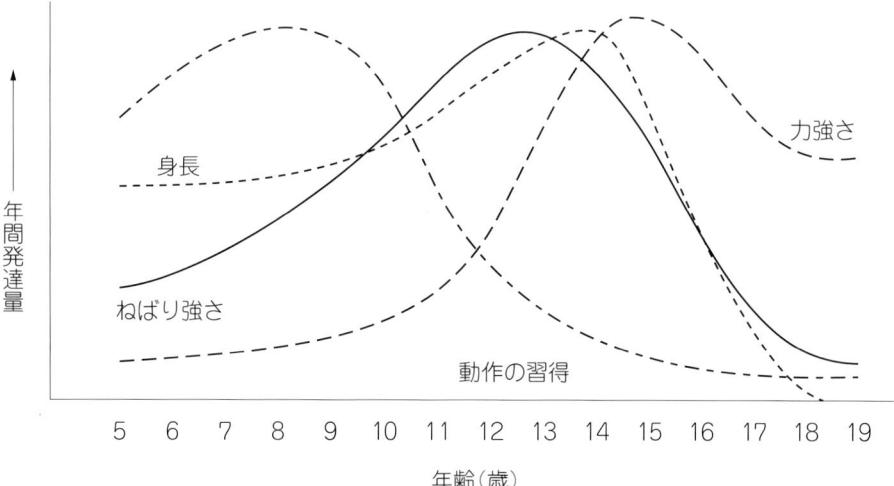

図 1-16 運動能力や体力はいつ発達するか（宮下，1980）
・動作の習得というのは，ここでは，音がしたらすばやくボタンを押すという動作の反応時間で代表させた．身のこなしの上手下手は，こうした神経系の反応のはやさ（敏捷性）だけでいえるものではないが，これも上手になるための大切な要因である．
・ねばり強さは，1分間にからだの中に酸素を取り込む能力，最大酸素摂取量でみた．
・力強さは筋肉の代表として握力の発達をみた．

1）上手になること

"鉄は熱いうちに打て"といわれますが，動きの調整をつかさどる主体である脳・神経系の発達は，10歳までにほとんど完了してしまうので，さまざまな動き方，身のこなし方は11歳以下に練習することが望まれるのです．

音楽の例をみても，3歳ごろからピアノなどの楽器に親しまなければ大成しません．また，成人してからでは，いかに志向しても楽器を満足に奏でることができるようになるのは難しいでしょう．音楽は聴覚と運動神経の連合によって成り立つものです．ですから，その発達の著しい時期に，音を聞き分ける，音を発するという練習をしなければ，世界一流のすばらしい演奏家になることはできないのです．

競技スポーツの世界でも，フィギュア・スケートのような氷の上を滑る高い技術が要求される種目では，きわめて低年齢からその練習が行なわれてきました．また，日本のサッカーの弱点はボールコントロールを中心とした個人技に劣ることであるといわれてきました．しかし，最近では，ヨーロッパやラテンの国々の子どもたちと同じように，小さいときからボール蹴りに親しむ機会が与えられ，足が手のような感じでボールを処理できるようになってきました．その結果，ヨーロッパで活躍できるサッカー選手が誕生してきたのです．

ボール投げの例をとってみましょう．日本では高校野球やプロ野球の人気が高いので，その試合の模様がほとんど毎日テレビで放映されます．これが男子に

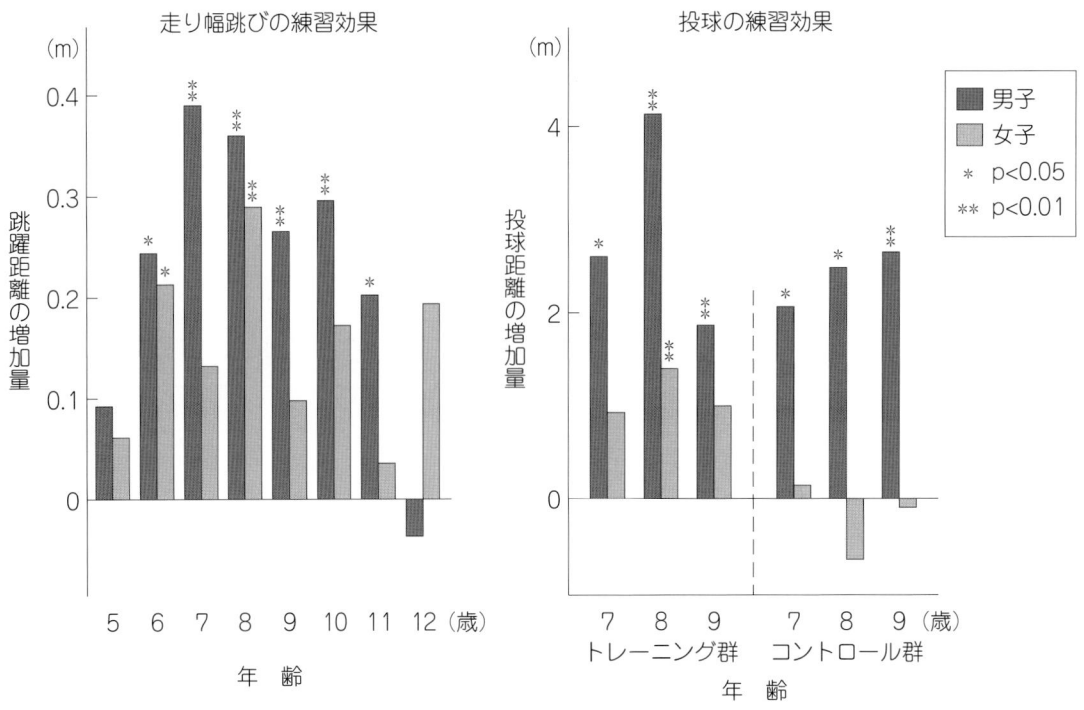

図1-17 小学生の時期にいろいろな動作を経験し，身につけていくことが重要である
(深代ら，1983；角田ら，1976)

強く影響して，小学校低学年から投げの能力はどんどん発達してきます．ところが，野球をやる女子が少ないため，女子野球の放映はされません．そのため，自分からボール投げの練習をしようという女子の数が少なく，投球能力はほとんど発達しないのです．しかし，小学生の女子にボール投げの練習を特別にやらせてみると，その投げ方は驚くほど上達するのです（図1-17）．

さらに，陸上でのすべてのスポーツに共通して重要な"走る"動作も11歳以下の子どもを指導し，脚や腕の動作を望ましい方向へ改善させてあげることが大切です．しかし，11歳以下では，脚の筋力や全身持久力が未熟なため，練習のやりすぎに注意し，短い距離を疲れない程度に，正しい走り方を反復練習するべきなのです．

その他，球技では打つという動作の基本も，いろいろな場面で巧みにできるように指導すべきです．この年代の子どもは，筋力が不足していますから，用具は軽く小さいものを使用しなければなりません．握りの細い軽いラケット，バット，グラブ，やわらかい，あるいは，小さいボールなどが用意されるべきです．

人気の高い野球やサッカーは，男の子たちが自分から進んで練習するのに比べ，テニスなど他の球技における巧みさの指導という点では，限られた子どもたちしか対象になっていません．たくさんの子どもたちが，ボールや用具を上手に

使えるようになるため，さまざまな球技が練習できる環境づくりが重要だと思います．

2) ねばり強くなること

11歳までに，いろいろな身のこなしが正しく，あるいはスマートに体得してあれば，12歳ごろからはその動きを長続きさせる方向へ指導の主眼が移ります．

12歳から14歳では，骨格の成長が十分でないので，筋線維のうちでも力強さをもたらすタイプⅡ（速筋）線維を鍛えるというよりは，大きな筋肉群のタイプⅠ（遅筋）線維を活動させ，心臓，肺を含めた全身の血液循環の活発化をうながし，ねばり強さの向上をはかります．この点に関しては，筋肉の中での血流量は，トレーニングによって13歳ころにもっとも増大すると報告されています．

その方法としては，やや長い時間（20〜40分間），一定のスピードで走る，泳ぐ，滑るなどがあげられます．毎日あまり長い時間走り続けるのは，膝関節や足首などを傷める危険が高いのですすめられません．また，心拍数をモニターして，ちょうど150拍／分程度のスピードを維持して運動を続けるべきです．

この年齢の子どもは集団で運動することや，勝敗に興味を抱くので，みんなでサッカー，バスケットボール，ハンドボールなど走り回るスポーツをしながら長時間運動を実践させることをすすめたいと思います．そして，少なくとも10kmは走りとおせる子どもに育てたいものです．

3) 力強くなること

人の運動は，骨格と筋肉とがてこの形をして，動くことによって成り立っています．そのため，骨が長くなりつつある成長期に，あまり強い力を何度もくり返し加えることは，骨格の正常な成長が阻害される可能性があります．サッカー少年の膝の故障，高校野球のピッチャーの肩やひじの故障などはよく耳にすることでしょう．

身長は，13〜15歳にかけてもっとも大きく成長します．そして，その成長のピークの1〜2年後に成長はほぼ終了します．ですから，骨格の成長が完了に近づく15歳以上になってから，力強い動きができるようにタイプⅡ（速筋）線維を，意識を集中させ鍛えるべきです．アメリカの高校では，学校の正課体育のカリキュラムとしてレジスタンス・トレーニングが取り入れられています．

女子については，内分泌の関係から，力強さの向上は男子より少ないかもしれませんが，骨密度を高めておくためにはこの年代でのレジスタンス・トレーニングが重要です．

力強さの向上を目指す具体的方法は，2章（p.40〜45）で説明しますから参考にしてください．

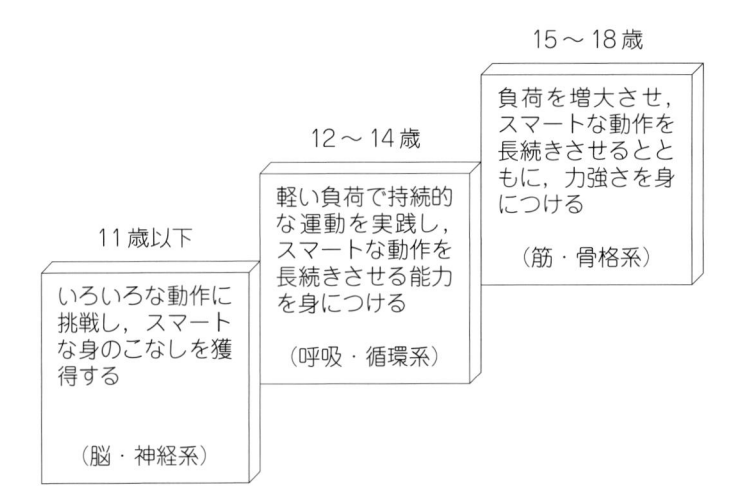

図1-18 年齢に応じてスポーツ（運動）指導は変わる（宮下，1980を一部改変）

11歳以下
いろいろな動作に挑戦し，スマートな身のこなしを獲得する
（脳・神経系）

12～14歳
軽い負荷で持続的な運動を実践し，スマートな動作を長続きさせる能力を身につける
（呼吸・循環系）

15～18歳
負荷を増大させ，スマートな動作を長続きさせるとともに，力強さを身につける
（筋・骨格系）

まとめ：育ち盛りは待ってくれない

　なお，成長・発達には個人差があるため，これまで述べたような年齢は，おおまかな値です（図1-18）．また3つの主眼となる運動実践は，その年齢以上になっても継続していかなければ，それぞれの能力が保持されないことに，特に注意してほしいと思います．

　いずれにしても，育ち盛りは待ってくれません．また，くり返すこともできません．ですから，適切な時期に適切な運動実践をうながし，たくましさを身につけさせなければならないのです．これは，親世代の義務であります．たくましい青年になるように子どもを育てることは，いつの時代にも要請し続けられてきたことでしょう．

　くり返しになりますが，子どものからだは，誕生からの時間経過にしたがって，遺伝子の作用に基づいて成長していきます．この時間経過に合わせて，適度な働きかけ，すなわち，教育がなされることによって，からだを動かすいろいろな機能は遺伝的上限にまで発達するのです．

第2章
青年は鍛えなおして もう一人の自分を みつけよう

1. 脆弱な青年とその環境
2. 筋肉を鍛えて自分を変える
3. 青年向けのトレーニング
まとめ：青年期は自分から鍛える

1. 脆弱な青年とその環境

　ずいぶん昔のことですが，医師であった森鴎外の書いた小説「青年」の中で，スポーツや運動する意義が次のように説明されています（森, 1948）．

　「…神経の異様に興奮したり，異様に抑圧せられたりして，からだがどうしたらいいかわからないようなこともある．そういう時はどうしたらいいだろうと，純一が問うた．大村の説では，一番健全なのはスウェデン式の体操か何かだろうが，演習の仮説敵のように，向こうに的を立てなくては，倦みやすい．的を立てるとなると，スポルトになる．スポルトになると直接にせよ間接にせよ競争が生じる．勝負が生ずる．畢竟倦まないというのは，勝とう勝とうと思う励みのあることを言うのであろう．」（現代表記に改められている）

　この文章の前段は，現代流にいえば，「精神的ストレス，運動不足，栄養過多などによるからだの異常」となります．また，後段は「からだを異常から回復させたり，正常を保持したりするためには，継続的に運動を実践しなければならないが，どうしたら運動を継続できるか」という方法を述べているわけです．

1）2つのスポーツ

　スポーツは参加する人々の競技水準の程度の違いから，だれもが楽しめ気軽に参加できるレクリエーショナルなスポーツと，からだの能力の限界を試す競技スポーツとに分けて考えるほうが，わかりやすいでしょう．

　レクリエーショナルなスポーツは，競争やその成績を問題にするのではなく，"プレイ"としてそのプロセスを，自分の能力に合った技術で楽しむスポーツとみなすことができます．ですから，青年にとっても自らリフレッシュする機会として，レクリエーショナル・スポーツの存在価値が認められるのです．また，体力や健康の保持増進のためにも，ある程度のスポーツ活動を実施することが不可欠であることはいうまでもありません．

　一方，競技スポーツは，素質に恵まれた人がそのスポーツが必要とするからだの能力を存分に発揮できる年齢に，最高の成績を求めて競い合うものです．ですから，競技スポーツは，スポーツ科学の成果とからだのトレーナビリティ（鍛錬可能性）を試すフロンティアの領域にあって，人間の可能性と夢を秘めた活動と考えられるのです．事実，100mを10秒以内で走ったり，マラソンを2時間5分で走りとおしたり，スキーのジャンプで150mを越えたりするのを，見たり聞いたりすると，人間のからだのすばらしさに驚きを感じるでしょう．まさに，競技スポーツは，身体的にもっとも充実する青年が占有できるものなのです．

2) 環境と成長

「動物の行動は,環境に拘束され,本能によって保証されていると,われわれは簡単に特徴づけることができる.」と生物学者ポルトマンは規定しています（ポルトマン, 1961）.ですから,次のような書き出しで始まる「かもめのジョナサン」（バック, 1977）が広く読まれたのでしょう.

「ほとんどのカモメは,飛ぶという行為をしごく簡単に考えていて,それ以上のことをあえて学ぼうなどとは思わないものである.つまり,どうやって岸から食物のあるところまでたどりつき,さらにまた岸へもどってくるか,それさえ判れば充分なのだ.すべてのカモメにとって,重要なのは飛ぶことではなく,食べることだった.だが,この風変わりなカモメ,ジョナサン・リヴィングストンにとって重要なのは,食べることよりも飛ぶことそれ自体だったのだ.」

ポルトマンは,「人間の行動は,世界に開かれ,そして決断の自由をもつ」と続けています.しかし,すべての人の行動が世界に開かれ,そしてすべての人がかもめのジョナサンのように決断の自由が持てるのでしょうか.

確かに,生理学は人間の持つ適応性の幅広いことを指摘しています.例えば,子どものころから日本語と英語を使う環境で育った人は,同時通訳の発音を聞けばわかるように,両方の言葉を自由に操ることができます.しかし,成人してから学んだ日本人の英語の発音は,イギリス人やアメリカ人の発音とは明らかに違うのがわかります.

言い換えれば,個体発生は系統発生をくり返すといわれるように,幼児期の行動は動物と同じように環境に拘束されていて,その期間での経験が将来の行動に大きく影響するのです.そして,前にも述べたように,運動しない子が増加しがちな環境の下で,現代の青年は成長してきたため,からだを動かす能力が必ずしも十分に発達しないままでいるのです.そういった青年たちに「もう一人の自分」を見つけ出すことをすすめたいと思います.

3) 画一化された環境

ところで,現在のわが国の青年を取り巻く環境はどんなものでしょうか.一言で言えば,画一化の方向へ進んでいるといえます.それは,主として,だれでもが同じような機会が与えられるという民主主義が定着し,高度経済成長によって多くの人たちが豊かになったことによると思われます.

富める者,貧しい者といった違いは,学校教育といった面では昔に比べ減少しました.その結果,高校進学率は90％を越え,大学入学希望者も50％を越え,高学歴への志向はしだいに広がってきたのです.

加えて,マス・メディアの発達・普及にともなって,与えられる情報の過多と

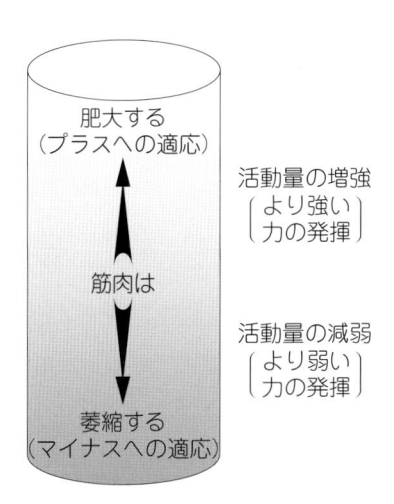

図2-1 筋肉は，鍛えれば強くなり，活動しなくなると急激に弱まる
(宮下, 1988)

迅速化が助勢しているように思われます．ちょっとした出来事も，テレビをとおして瞬時に，新聞や週刊誌によって詳しく全国に伝わり，北と南，都市と農村といった地域の特性は薄れがちです．

さらに，住居にしても，最近は規格化された構造です．特に高層住宅では，間取りはまったく同じか，左・右の違いだけといった構造が増えています．

このような画一化が進行している生活環境で成長してきた青年は，遺伝的な要因によってある程度の個人差がみられるにしても，大雑把に見て個性のない集団を形成しているといえないでしょうか．このような集団の中にあっては，「もう一人の自分」を創造しようとしても，そのひな形を仲間の中から見つけ出すのは難しいでしょう．小説の中の登場人物から探すしかないのです．

4) 筋肉と行動範囲

そこで，青年たちに行動を直接的に発現させる筋肉を見直すことをすすめたいと思います．先に述べたように，骨折したときにギプスをはめられ動かなくなると，筋肉は急激に萎縮し衰えてしまいます．反対に，レジスタンス・トレーニングによって鍛えると，筋肉は太くたくましくなります．このように，筋肉は成人しても意図的に変えることができる組織なのです（図2-1）．

筋肉は，人間の行動を直接生み出します．ですから，持っている筋肉が弱く疲れやすければ，その人の行動する範囲は自然と狭くなります．反対に，どんなに動いてもあまり疲れないような筋肉を持っている人の生活範囲は広く，いろいろなことを見たり聞いたりできるでしょう．例えば，旅行に出かけたとき，その街を観光バスに揺られて見物するのでは，与えられた景色を楽しむだけです．もし，

自分の足で歩いてみるならば，予期しない新しい自分だけの場面に出会うことができるのです．

2．筋肉を鍛えて自分を変える

1)「うつわ」と「なかみ」

　筋肉は骨格と結びついて，からだの「うつわ」を形成しています．この「うつわ」は，"魂を宿す肉体"とみなされてきました．言い換えれば，「なかみ」と「うつわ」と2分して人間のからだを考え，「なかみ」は「うつわ」よりも上位にあるという思想が強く残っています．

　はたしてそうでしょうか．「うつわ」は，その「なかみ」と外界との接点の役を果たしていて，あらゆる種類の情報獲得の媒体となっているのです．言い換えれば，「なかみ」の充実のための，あるいは，活動維持のためのエネルギー，また，充実のためのさまざまな刺激が，「うつわ」を通してもたらされるのです．ですから，先に述べたように，成人しても変えやすい筋肉を見直し，鍛えなおしてみることによって，新しい自分を見つけ出す可能性がでてくるといえるのです．

　ここでいう"鍛える"ということは，レクリエーショナルなスポーツ参加の程度ではありません．レクリエーショナルなスポーツはあくまで，自分を一時的にリフレッシュしてくれるに過ぎません．すなわち，今もっている体力の保持に有効なだけなのです．

　"鍛える"とは，自分の限界に挑戦するというように，自分の筋肉をその発達の限界まで鍛え上げるということなのです．

2) 特徴ある2つの筋線維

　ところで，筋肉を鍛えるといっても，ただむやみに筋肉を働かせてもその効果は期待できません．筋肉の特徴をよく理解して鍛えるべきなのです．

　人間の筋肉を対象とした組織化学的な研究は，急速に進歩してきました．その成果は，すでにp.12〜14で詳しく述べました．ここで簡単に，復習しておきましょう．

　まず，筋肉を構成する筋線維には大きく分けて2つあることが明らかにされました．タイプⅠ（遅筋）線維とタイプⅡ（速筋）線維です．タイプⅠ線維は，力の発揮はゆっくりとして弱いのですが，持久性に富んで疲れにくいのです．それに対し，タイプⅡ線維は，大きな力をすばやく発揮できますが，持久性に乏しくすぐに疲れてしまいます．

　次に，この2種類の筋線維の割合は，個人によって異なること，そして，その数の割合は遺伝的に決まっているということが明らかにされました．言い換れ

ば，タイプⅠ線維をたくさん持っている人がいたり，逆にタイプⅡ線維をたくさん持っている人がいたりするのです．前者は優れたマラソン選手になれる可能性が高く，後者は対照的に，優秀なスプリンターになる可能性が高いのです．

俗にいうスーパーマンは，この両方に優れた人を指します．筋肉の構成からしても同一人物がこの両方をカバーできるとは考えられません．だからこそ，スーパーマンという名前がつけられたのでしょう．

3）"力強さ"か"ねばり強さ"か

ところで，人間の筋肉を構成する筋線維の割合は，正規分布しているということをつけ加えなければなりません．タイプⅠ線維を多く持っている人，あるいは，タイプⅡ線維をたくさん持っている人の数は少なく，半分半分持っている人が多いということです（前出図1-5）．

この2種類の筋線維の数は変わりませんが，鍛え方によってどちらかの筋線維の機能を，選択的に向上することができます．例えば，鍛え方によって，タイプⅠ線維の機能が向上して運動がより長続きできるようになるとか，タイプⅡ線維の機能が向上してより大きな力が発揮できるようになるとかです．

ですから，タイプⅠ線維とタイプⅡ線維を半分半分持っているふつうの人は，鍛え方によって，持久性の運動をこれまで以上に長時間続けられるようになるし，あるいは，これまで以上の力強いすばやい行動ができるようになるのです．端的にいえば，ふつうの青年が筋肉を鍛え直すというとき，マラソンの42.195kmを完走することに挑戦するか，ベンチプレスで150kgを持ち上げることに挑戦するか，という2つの選択の道があるのです（図2-2）．

3．青年向けのトレーニング

体力の向上についての生理学的原理は，すでに第1章「子どもをたくましく育てる」（p.16〜20）で解説してありますから，もう一度読み返してみてください．ここでは，青年向けのより具体的な方法について解説します．

1）"ねばり強さ"の向上をはかる

"ねばり強さ"といっても，例えば，長い距離を走り続ければいいというものではありません．長い距離をいかに短い時間で走れるかが課題となるのです．それには，長距離を同じスピードで走り続けるだけでは達成できません．インターバル・トレーニングという速く走り，次にゆっくり走るという組み合わせの方法がよいのです．

インターバル・トレーニングは，筋線維の組織化学的な研究や，無酸素（乳

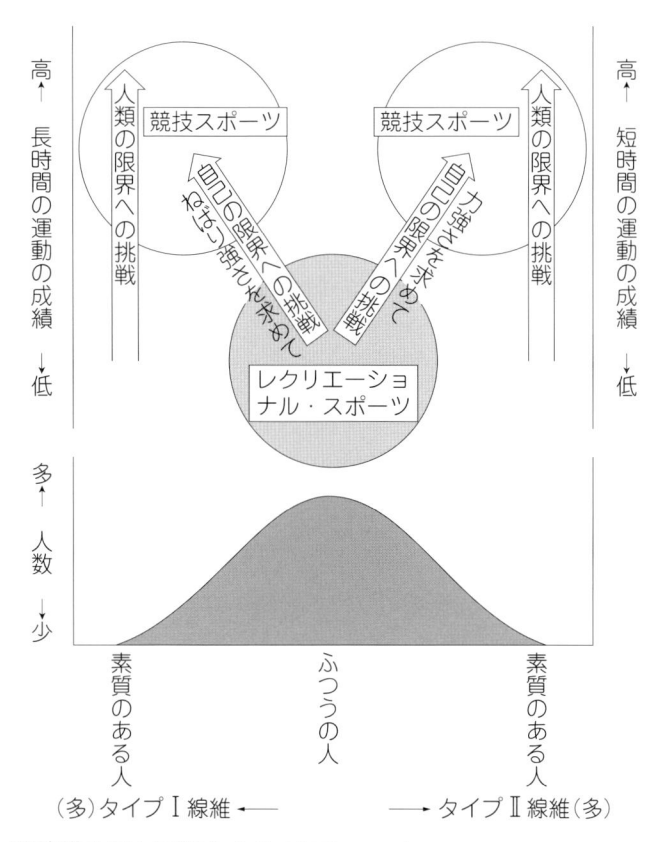

図 2-2 筋線維を選んで鍛えよう（宮下, 1982b）
筋線維の割合からみて，素質のある人は人類の限界に挑戦しよう．ふつうの人は力強さかねばり強さかを自分の限界にまで発達させよう．

酸）性作業閾値といった面の研究が進められる以前に，経験に基づいて誕生していました．しかし，最近の運動生理学の研究成果からみても，インターバル・トレーニングの持つ意義は高いといえます．

　インターバル・トレーニングのねらいは，高いスピードの持続能力の開発にあります．このためには，タイプⅠ線維の機能を高めるだけでは不足です．加えて，タイプⅡ線維の一部を鍛えて持久性を高める必要があります．言い換えれば，疲れやすいタイプⅡ線維を活動に参加させる程度の強さの運動を遂行することが必要条件になります．

　この条件を，専門用語で無酸素（乳酸）性作業閾値を越える程度の運動強度といいます（前出図1-10参照）．この強さの運動を遂行すると，筋肉や血液の中に乳酸が増え始めます（前出図1-8参照）．乳酸が一定以上増えると，疲れますから同じ強度の運動ができなくなります．そこで，運動強度の弱い運動に切り替えるのです．そして，疲れがある程度とれたら，再び前と同じ強度の運動をするのです．

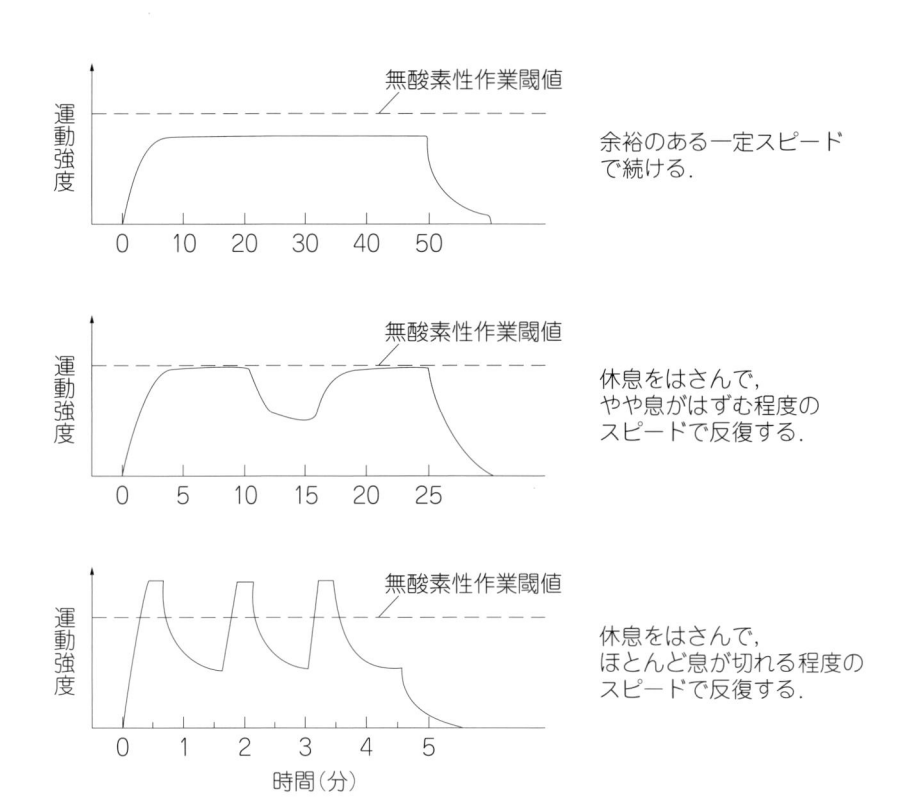

図2-3　全身のねばり強さの向上をはかる3種類の運動強度
運動強度が高ければ運動時間は短くなる．

　一般的には，30秒間から60秒間タイプⅡ線維が活動に参加するような"ややきつい"運動，例えば，走る，泳ぐ，自転車をこぐ，などを続けます．その後10秒間から30秒間，軽い運動をするか，あるいは，休息して，酸素を十分に摂取して，疲労の回復を図ります（図2-3）．これを10～30回反復するのです．このようなやや強い強度のトレーニングによって生じる酸素不足という状態に適応するように，タイプⅠ線維と一部のタイプⅡ線維にあるミトコンドリアの数が増え，そこでの酸素の取り込みの効率がよくなり，さらに，ある程度乳酸がたまっても耐えられ，運動をより長く続けられるようになるのです．

　このようなインターバル・トレーニングを1日に1～2時間，週3～4日の頻度で実践します．そして，2～3週間おきに無酸素性作業閾値以下の強度で続けて運動してみて，どのくらい続けられるか確かめてみます．例えば，ランニングでは，5,000mが17分であったのが，16分30秒に短縮しているかどうか確かめてみるのです．

　高い強度の運動と低い強度での運動を反復する形式のインターバル・トレーニングには，レペティション・トレーニングと呼ばれる，ある距離を全力に近いスピードで走り，あるいは泳ぎ，長い休息をはさんで反復するもの，あるいは，

ディセンディング・トレーニングと呼ばれる，ある距離を走る，あるいは泳ぐ時間を休息をはさんで順次短くしていくものなど，いろいろな組み合わせがあります．

また，先に述べたように，ときどき長時間一定の強度で運動を続けるといったトレーニングも必要です．

2）"力強さ"の向上をはかる

筋肉の発揮できる力（筋力）と筋肉の発揮できるパワー（筋パワー）を向上させるのが，レジスタンス・トレーニングの目的です．その他にも，からだの敏捷性，平衡能力，協調性，跳躍力，柔軟性などの向上に役立つことは，いろいろな研究結果によって証明されています．次に，レジスタンス・トレーニングのプログラムを作成するときの，基本的な考え方をアメリカスポーツ医学会の指針（American College of Sports Medicine, 2002）を参考にして説明します．

①漸増するオーバーロード

漸増するオーバーロードとは，トレーニングを実施する過程で，からだに与えられるストレスを少しずつ増やしていくことです．すなわち，負荷を増大させ，反復回数を増やしながら，トレーニングの量を合理的な値まで増加させます．

②特異性

トレーニングがもたらす特異性は，採用する筋活動の様式（等尺性か，等張性か，等速性かなど）（図2-4），運動のスピード（前出図1-13），運動の範囲，トレーニングされる筋群，トレーニングの量によって変わります．

③変化

いつでも適当なトレーニング刺激がもたらされるように，プログラムを構成する要素を変えていくことが重要です．

④期分け

運動成績や運動後の回復を最適な状態にするために，トレーニングの強度と量を計画的に変えていく方法を"期分け"といいます．これまでの"期分け"は，トレーニングの強度と量を直線的に増やしてきました．しかし，最近では，7～10日を1期として，神経・筋系機能の構成要素をいろいろ組み合わせて，あるいは，くり返して取り入れていくという"期分け"が行なわれるようになっています．

とにかく，レジスタンス・トレーニングによって，筋肉はより大きな力が発揮できるようになります．これは，筋肉を支配する神経系の活性が高められ，筋肉の線維が太くなり，筋肉の構造とおそらく代謝の役割が変わる，ということによってもたらされるのでしょう．

次に，プログラム作成の方法を具体的に説明しましょう．

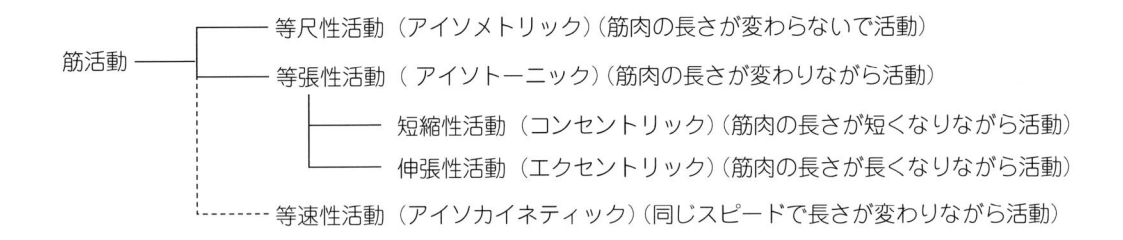

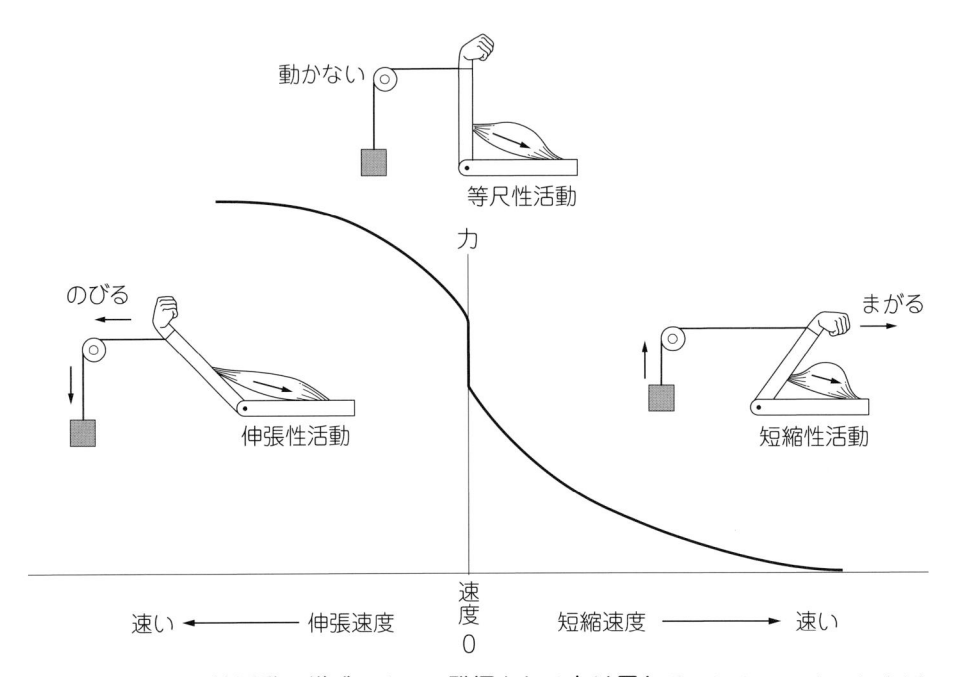

```
筋活動 ┬── 等尺性活動（アイソメトリック）（筋肉の長さが変わらないで活動）
       ├── 等張性活動（アイソトーニック）（筋肉の長さが変わりながら活動）
       │    ├── 短縮性活動（コンセントリック）（筋肉の長さが短くなりながら活動）
       │    └── 伸張性活動（エクセントリック）（筋肉の長さが長くなりながら活動）
       └── 等速性活動（アイソカイネティック）（同じスピードで長さが変わりながら活動）
```

図2-4 筋活動の様式によって発揮される力は異なる（宮下, 1988を一部改訂）

①筋活動

レジスタンス・トレーニングの漸増中は，短縮性（コンセントリック）活動と伸張性（エキセントリック）活動との両方を実施するようにします．

②負荷

始めのころは，1RMの60〜70％に相当する重量で8〜12回反復します．慣れてきたら，筋肉の力を最大限まで発揮するように，1RMの80〜100％の重量を期分けして使うことがすすめられます．そして，2日続けて目標とした回数（8〜12回）より1〜2回余分にできるようになったら，その重量より2〜10％増加させます．

③トレーニングの量

トレーニングの量とは，負荷の重量に反復回数をかけた合計です．初めての人

には，8～12回反復，1～3セットがすすめられます．慣れてきたら，負荷の重量と反復回数とを計画的に変化させて，数セット実施する方が効果が大きいと報告されています．しかし，オーバートレーニングにならないように，急激にトレーニングの量を増やしてはいけません．

④運動様式

単関節運動と多関節運動とを取り入れるべきです．しかし，隣り合う関節がしっかり連動して発揮する筋力を最大にするように，多関節運動に重点を置いたほうがよいでしょう．

⑤フリーウェイトかマシンか

初めての人には，フリーウェイトとマシンとを利用した運動がすすめられます．慣れてきたら，フリーウェイトを中心にしますが，フリーウェイトでは鍛えにくい筋肉をトレーニングするには，マシンを補助的に利用するのがよいでしょう．

⑥運動の順番

小筋群より大筋群を働かせる運動を，単関節運動よりも多関節運動を，弱い負荷よりも強い負荷での運動から，それぞれ先に行なうのがよいでしょう．

⑦セット間の休息時間

強い負荷で大筋群を働かせる多関節運動では，セット間に2～3分間の休憩を置くべきです．

⑧筋活動のスピード

初めての人では，"ゆっくり"（短縮2秒間，伸張2秒間）と"中ぐらい"（短縮1～2秒間，伸張1～2秒間）のスピードから始めるべきです．慣れてきたら，反復するにつれて"ゆっくり"から"速い"（短縮，伸張とも1秒間以内）へと上げていきます．しかし，傷害を引き起こさないように，どんなスピードでも運動のやり方には十分注意するようにしましょう．

⑨頻度

初めての人には，全身について1週間に2～3日の頻度が適当です．慣れてきたら，1週間に4～6日やるほうが効果があるといわれていますが，トレーニング中には適当な休息時間を取り，オーバートレーニングにならないように気をつけるべきです．

まとめ：青年期は自分から鍛える

子ども期は，親，先生，コーチなど成人の指導にもとづいて運動を実践してきました．しかし，成人となった青年は自分から鍛えるようにならなければなりません．

青年は，その後30年近く"働き盛り"と"子育て"という，人生でもっとも充

実した時代を生きていくのです．ちょっと無理をすると疲れるというように，体力に余裕のない状態では，要求される仕事もまっとうできないでしょう．また，休日に子どもと一緒に遊びに出かけるといった家族サービスも満足にできません．さらに，その後には人生80年という自活した生活が求められる高齢期が待っています．

　鍛えがいのある青年期に，自分からすすんで筋肉を鍛えなおして，もう一人の自分を見つけ出す努力をすべきではないでしょうか．

　具体的には，まず5分間ほどのウォーキングか軽い体操でからだの血液循環を盛んにしてから，3章の57～58頁にあるようなストレッチング・エクササイズを行ないます．その後，自宅でなら自分の体重を利用したレジスタンス・エクササイズを，スポーツクラブなどフリーウェイトやウェイト・マシンがあるところでは，それらを利用して行ないましょう．

◆レジスタンス・エクササイズ1◆ からだの重みを利用して筋肉を鍛える運動

腕を鍛える

腕を鍛える

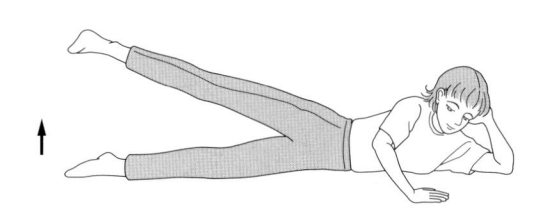

ふとももの横の筋肉を鍛える

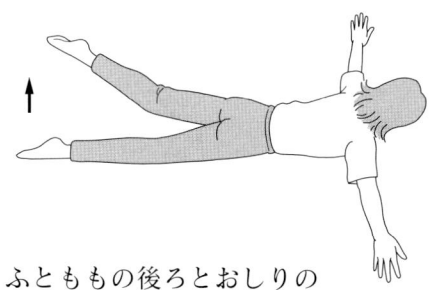

ふとももの後ろとおしりの筋肉を鍛える

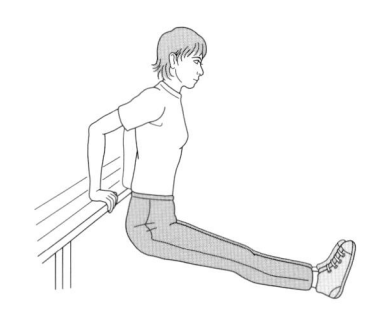

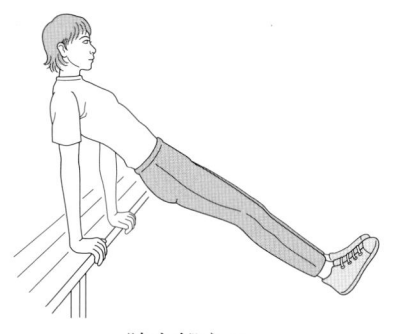

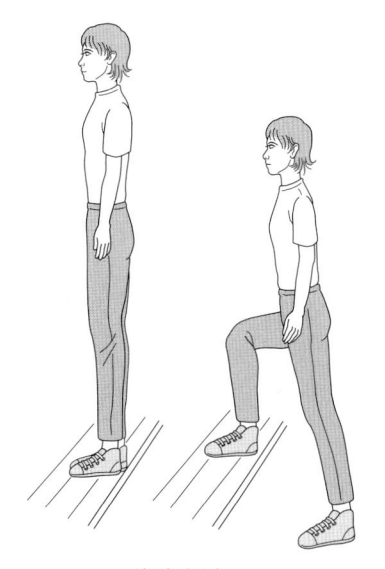

脚を鍛える

◆レジスタンス・エクササイズ２◆ ダンベルを利用して筋肉を鍛える運動

肩と胸の筋肉を鍛える

腹筋を鍛える

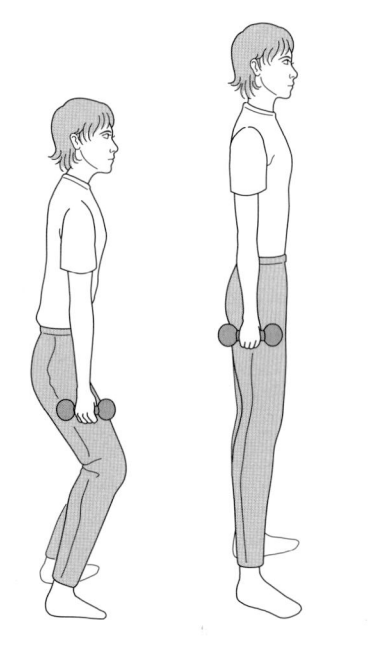

ふとももとおしりの筋肉を鍛える

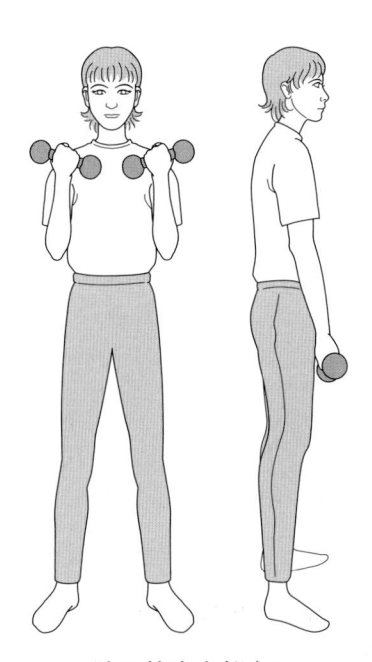

腕の筋肉を鍛える

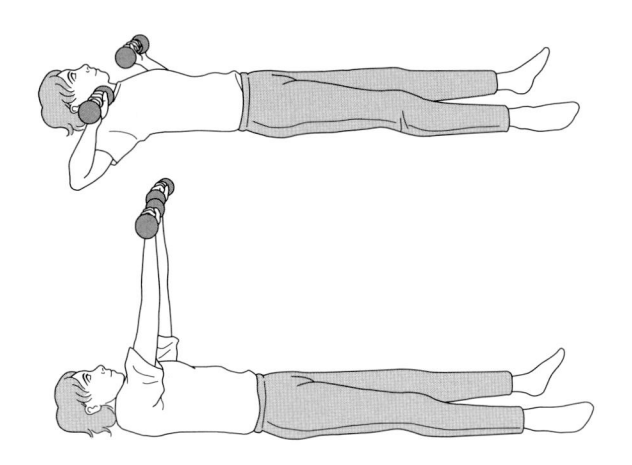

腕と胸の筋肉を鍛える

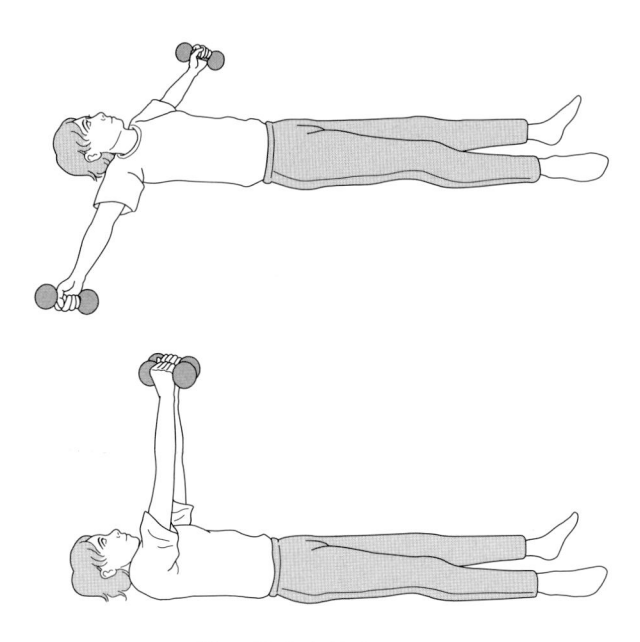

胸の筋肉を鍛える

◆レジスタンス・エクササイズ３◆ウェイトマシンを利用して筋肉を鍛える運動

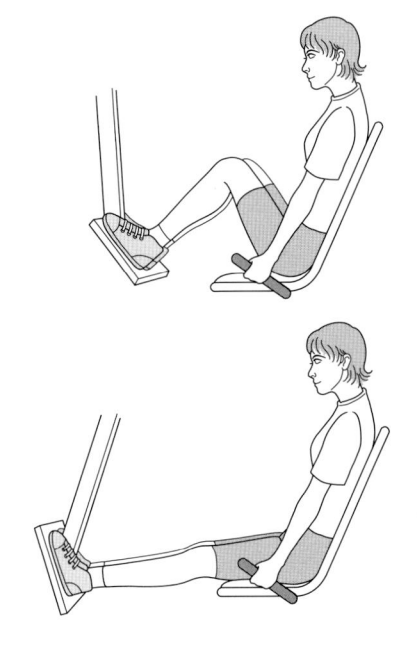

脚の筋肉を鍛える

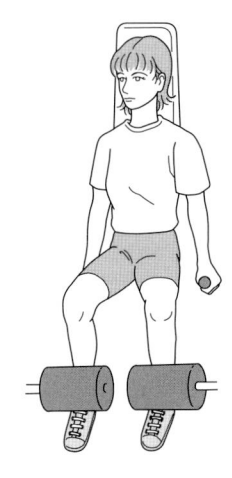

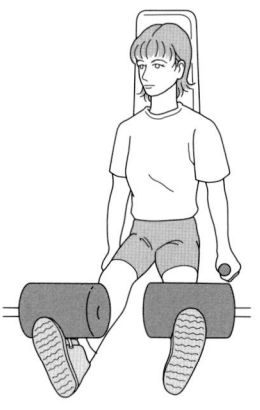

ふとももの前の筋肉を鍛える

腕と胸の筋肉を鍛える

腹筋を鍛える

背中とおしりの筋肉を鍛える

第3章
中年には運動する習慣を身につけさせよう

1. 高齢社会と医療費の高騰
2. 非活動的な生活がもたらすからだの衰え
3. 運動していない中年
4. 加齢にともなうからだの衰え
5. 運動するとは？
6. どんな運動をすればよいのか
7. 運動実践の効果
8. 肥満の解消と予防

まとめ：中年には日ごろの運動実践が大切である

1. 高齢社会と医療費の高騰

　　日本が世界に類を見ないスピードで，高齢社会に突入したことは，だれでも知っているでしょう．この主な理由としては，次の3つがあげられます（図3-1）．

　一つ目は，機械化が進み，過酷な労働から解放されたことです．これは，労働時間が短縮され疲労からの回復を早くし，からだの機能を良好な状態に保つ上で有効でした．

　二つ目は，食料が十分に得られるようになったことです．このことは，栄養の偏りをなくし，からだの組織，器官を健全に保つ上で役立ちました．

　三つ目は，保健・医療制度が高度に発達・普及したことです．このことは，傷害を受けたり，病気にかかったりしても，すぐさま処置がなされ重症になることを防ぎ，また，感染症が広まるのを止めるのに有効でした．

　遺伝子治療は，現在盛んに研究開発が進められています．今後さらに進歩していきます．しかし，遺伝子に組み込まれた老化，すなわち，遺伝子に組み込まれ

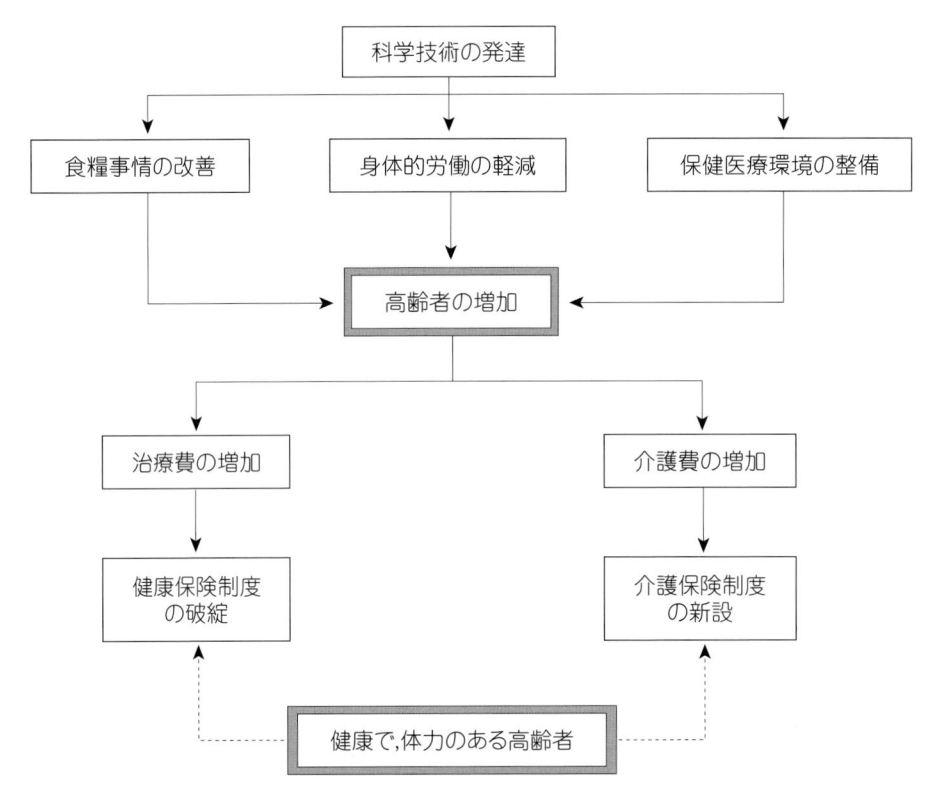

図3-1　主に3つの要因によって高齢者が増加し，国民の医療費負担を増加させている

た「歳をとる」というプログラムによってもたらされる，からだのいろいろな機能の衰えは止めることができないでしょう．

　ですから，介護，介助を必要とする高齢者人口の増加に対応する施策を立てることが，わが国では急務とされるのです．そのためには，現代の科学技術を応用して，介護，介助の電子化・機械化が促進されるべきなのです．

　同時に，介護，介助の優れた専門家の育成を図ることも，必須なことでしょう．

　しかし，それだけでまかないきれるでしょうか？　厚生労働省は，新人口推計に基づく公的年金保険料の将来見通しを公表しました．このことについて，2002年5月15日付けの朝日新聞の夕刊には，次のように掲載されていました．

　「予想以上に進む少子高齢化の影響で，民間サラリーマンが加入する厚生年金の保険料率（現行17.35％）は，いまの給付水準を維持した場合，ピーク時の2025年度は，月収の31.9％と3割を超すことが明らかになった．同省は2004年改正に向けて，制度設計を見直すが，どこまで現役世代の負担増が，可能なのか，税制のあり方や，少子化対応も含めた，新たな国民合意が必要になりそうだ．」

　このような趨勢を考慮しますと，わが国が迎える超長寿社会にあっては，
①集団的には，あるいは，国家としては，自立した生活が送れる高齢者の割合を多くすること，
②個人的には，あるいは，家庭内では，要介護，要介助の期間をできるだけ短くすること，
が根本的な解決策であると主張したいのです．

　そこで，ここでは，高齢者予備軍である中年の人々が，その後の20年，30年という人生を，自立して生活できることを願い，自立できる能力を保持し続けるための方策を，解説することにします．

2．非活動的な生活がもたらすからだの衰え

　くり返しになりますが，それまでは独りで歩いていた高齢者が，骨折やその他の病気にかかり入院すると，たちまち歩けなくなったり，移動するのに車椅子が必要となったりする例を，見たり聞いたりした人が多いでしょう．入院してベッドに寝たままの状態にされると，数週間の間に立って移動するときに活動する筋肉は急速に萎縮し衰えてしまうのです．

　これはなにも，ベッドに寝たきりにならなくても見られます．その典型的な例として，宇宙飛行士があげられます．重力がほとんどゼロとなる宇宙船内では，自分の体重分の重さを運ぶ必要がありませんから，例えば，旧ソ連の宇宙船「ミール」で1年近く宇宙に滞在し，重力のある地球へ帰ってきた飛行士は，独

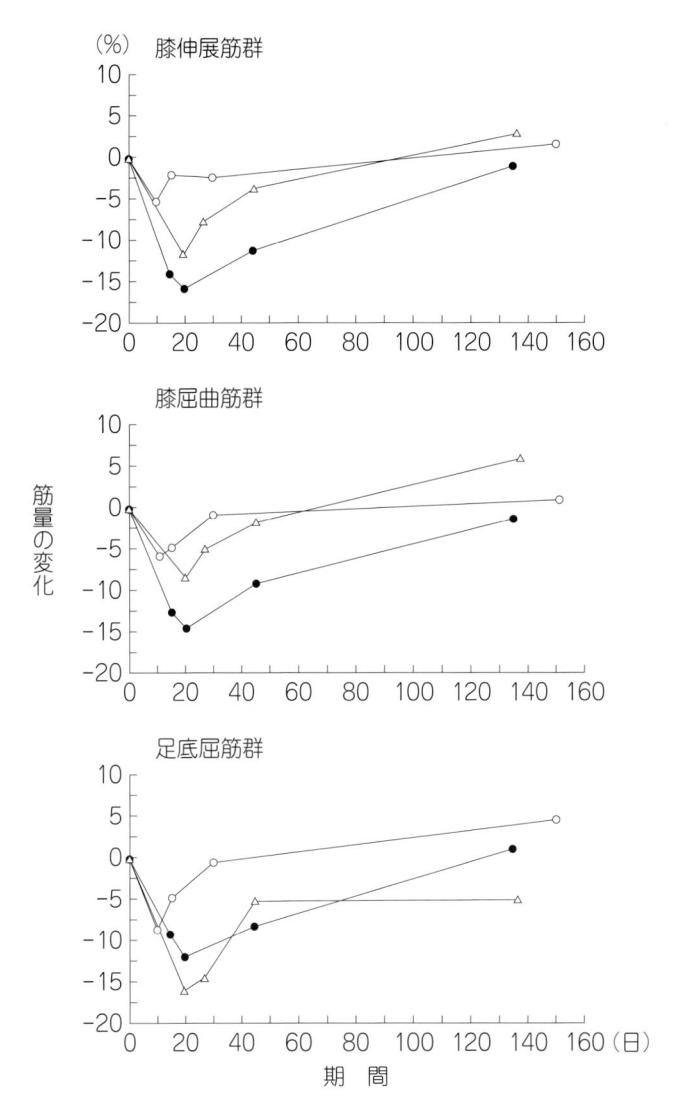

図3-2 日本人宇宙飛行士の宇宙飛行前後の筋量の変化 (Akima et al., 2000)
下肢の筋肉量は宇宙滞在中にどんどん減少していく.

りで歩くことはもちろん，立つことさえもできなくなっていたのです．

21世紀になって，国際宇宙ステーションに長期間滞在し，研究に従事する計画が立てられています．そこで働く研究者の健康問題が，重要な課題となっているのです．中でも，どのような運動をどの程度実践すべきか，を明らかにすることがカギを握るとみられているのです．

これまでの日本人宇宙飛行士の観察によりますと，宇宙滞在中1日につき1％の割合で，筋肉の量は減少していくと報告されています．3週間もいれば，筋肉の量は20％近く減少してしまうのです（図3-2）．

とにかく，電車，自動車，エレベーター，エスカレーターなど，移動用機械

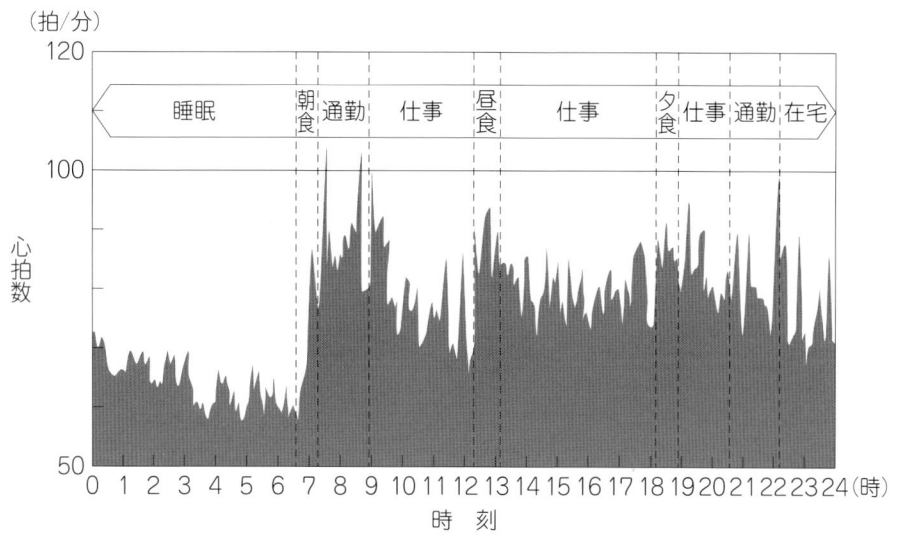

図 3-3 サラリーマンの心拍数は，1日をとおして100拍／分を越えることが
ほとんどない（宮下，1988）

は，人々から脚を使って動くという機会を減少させてしまいました．また，耕運機を代表とする農機具の普及をみるまでもありません．今では，ほとんどの職場で省力化，機械化が進み，仕事を遂行するために筋肉を使う必要性がなくなってしまったのです．

　たくさんの筋肉が活動すると，心臓，肺，血管など，呼吸循環系機能が活性化され，代謝が高進します．ですから，逆に筋肉を働かせない，運動不足の日常生活を送っていることは，狭心症，心筋梗塞，高血圧症，肥満症，糖尿病など，呼吸循環系，あるいは，代謝系の慢性の病気にかかりやすくなってしまうのです．

3．運動していない中年

　ところで，大都市圏に住むサラリーマンは，毎日満員電車にゆられ，1時間以上もかけて通勤しているので，自分はかなりからだを動かしていると思っていないでしょうか．中年のサラリーマンを対象として，実際に1日中の心拍数を記録して調べたことがあります（図 3-3）．驚いたことに，あまり運動していないことがわかったのです．

　駅の階段を上るときだけ，心拍数は 100 拍／分を越えますが，電車に乗れば 90 拍／分程度に落ちてしまいます．オフィスでイスに座って仕事をしているときは，70 拍／分程度で終始しているのです．これは，逆の見方をすれば，駅の階段を上るだけで，心拍数が 100 拍／分を越えてしまう，すなわち，心臓がドキドキしてしまうというように，心臓や肺の機能はかなり低下していると推定され

るのです．

このことは，階段の横に並んで，エスカレーターのあるところでは，ほとんどの人がエスカレーターを利用しているのを見ればわかることです．

また，施設で介護の仕事に当たっている人を対象として，1日の心拍数を測定してみたことがあります（宮下・福崎，2001）．仕事中の心拍数は，平均92拍／分でした．この値は，推定される最高心拍数（220－年齢，後出図3-10参照），もっとも心臓がドキドキするときの48.5％にすぎません．そして，"ややきつい"と感じるような，最高心拍数の75％を越える心拍数になるような時間は，全員にみられなかったのです．

一般には，重労働と思われがちな介護という仕事でも，心臓や肺といった呼吸循環系機能へは負担となっていないのです．それでも疲れるというのは，体力に余裕がないからといえるでしょう．

このように，仕事だけでは運動不足となってしまう，機械化された社会で暮らす中年の健康・体力は，危機に瀕しているといえます．動物園の動物たちがそのいい例です．動物たちは十分な食事が与えられ，野生のときに比べはるかに動くことが少ない生活を送ることになっています．このため，動物園の動物たちの多くは長生きするのですが，さまざまな障害が発生してきているのです．そして，今では食べ過ぎないようにという栄養管理と，十分とはいえないまでも積極的に運動させようという飼育が行なわれているのです．

機械化の進んだ現代社会に生きる私たちも，動物園の動物と同じ状態にあるといえるのではないでしょうか．しかも，私たちには飼育係がいません．自分で自分の栄養管理をし，自分で自分の運動不足を解消しなければならないのです．

4．加齢にともなうからだの衰え

20歳から30歳をピークとして，遺伝子の作用に基づいて，からだを動かす能力はだれでも衰えていきます．このことを，小説家藤沢周平は次のようにうまく書いています．「眼も耳もおかしくなって，むかしのように確かではなくなっている．しかもその衰えは，老いが勝手にはこんで来るので佐兵衛の手に負えないのだ．」（藤沢，1990）．

1）"ねばり強さ"の低下

からだを動かす能力のうち「ねばり強さ」の指標としては，単位時間当たりにどれだけたくさんの酸素を摂取できるのか，これを最大酸素摂取量と呼びますが，この数値が世界中広く利用されています．

日本人を対象とした測定結果によれば，最大酸素摂取量は，加齢とともに減少

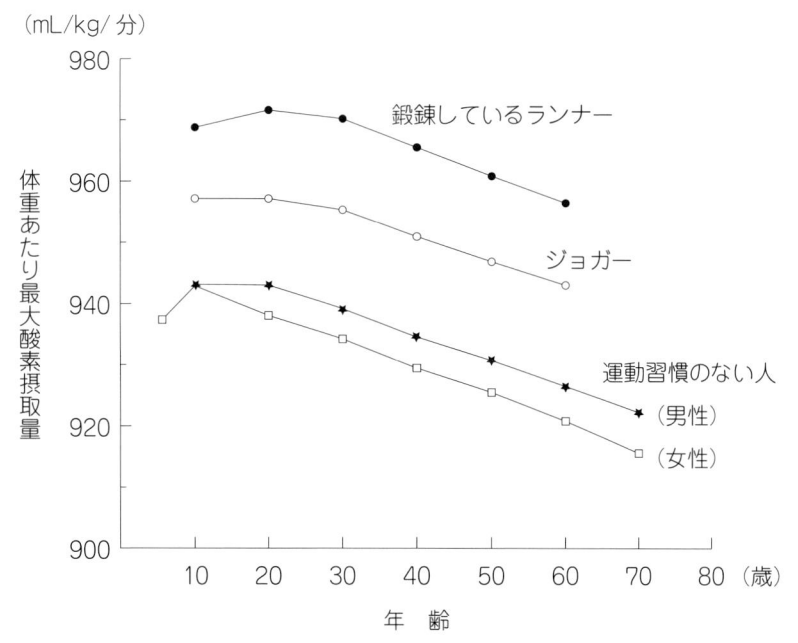

図3-4 ねばり強さの指標である最大酸素摂取量は運動習慣のあるなしにかかわらず，加齢とともに減少していく（Costill, 1986）

していきます．男性では，20歳代の1分間当たり平均2.6Lから70歳代の1.7Lへと減少し，女性は20歳代の1分間当たり平均1.8Lから70歳代の0.9Lへと減少していきます．これを加齢にともなう減少率としてみますと，男性は1年につき0.7％の減少，女性は1.1％の減少となり，70歳の男性では20歳代の65％，女性では50％へとそれぞれ減少していくのです（小林，1982）．

このような加齢にともなう最大酸素摂取量の減少傾向は，運動習慣のあるなしにかかわらず見られます．しかし，運動習慣のある人とない人では，同じ年齢で比べるとその水準に大きな違いが見られます（図3-4）．例えば，アメリカ人を対象とした研究結果によると，年齢別の競技会であるマスターズ陸上競技大会に参加するような本格的ランナーの最大酸素摂取量は，同じ年齢で比べればもっとも高いのです．次いで高いのは，日ごろからジョギングを実践している人で，一般の人に比べて明らかに高い水準にあると報告されています．

2)"力強さ"の低下

からだを動かす能力の「力強さ」についても，歳をとるとともに低下していくことが明らかにされています．

座った姿勢で，股関節，膝関節，足関節など下肢関節群を屈曲した状態から，足の裏全体で自分の体重分の負荷がかかった板，フットプレートをすばやく押し

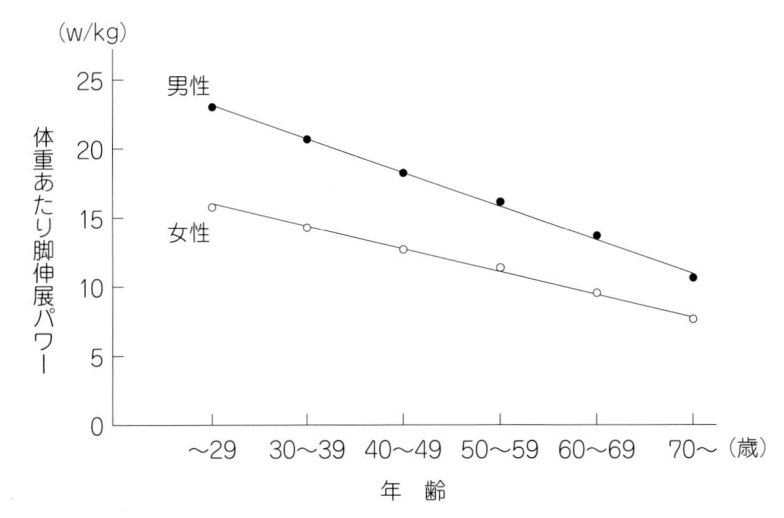

図 3-5　脚伸展パワーは加齢とともに低下していく（宮下，1997b より作成）

ます．そのときに，フットプレートに発揮されるパワー，これを脚伸展パワーと呼びますが，日本人を対象として測定されています（図 3-5）．

　それによりますと，脚伸展パワーは加齢とともに低下し，20 歳代前半の平均値を基準にすると 60 歳代前半の男性はその約 52％，女性は約 57％，80 歳代では男女とも 50％以下となってしまうというのです．平均減少率を計算してみますと，男性は 1 年当たり 1.0％の減少，女性は 0.9％の減少となります．この値は，「ねばり強さ」の場合と，ほとんど同じであることがわかります．

　以上の測定結果から，からだを動かす能力の"ねばり強さ"，"力強さ"とも，加齢とともに 1 年間に，およそ 1％の割合で低下していくことになります．しかし，それまで運動習慣を持っていなかった人では，意識して運動を実践するようになれば，それなりにからだを動かす能力は，回復してくる可能性があります．この点についての研究結果をみると，定期的に運動を実践するようになると 12 週間ぐらいで，"ねばり強さ"も"力強さ"も 10％から 20％回復するといいます（図 3-6）．

　そして，もし，そのまま運動を実践していくようになれば，高い運動能力を保持しながら，歳をとっていくことになります．ところが，ある年齢で病気になって寝込んでしまえば，たちまち運動する能力は低下していってしまうのです．

5．運動するとは？

　そこで，将来高齢になっても自立できる能力を保持するために，中年には運動をしましょうということになります．ところで，運動するといってもいろいろあ

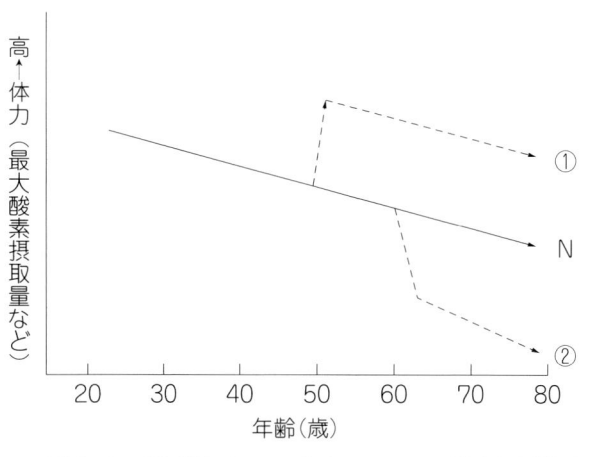

図3-6　50歳になってもトレーニングすれば体力は回復し，継続すれば高い水準を保つことができる（宮下, 1988 を一部改変）

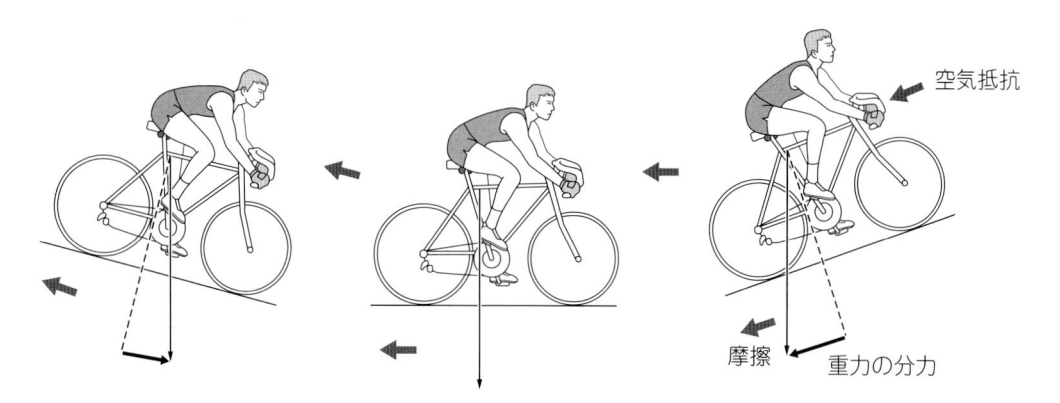

①50歳でトレーニングを始め，ずっと続けた場合
N何も運動しなかった場合
②60歳のとき疾病のため就床した場合

図3-7　自転車をこいでの移動では，坂を上るときはじめて運動したことになる（宮下, 1988）

ります．これを，自転車に乗ることを例にあげて説明しましょう（図3-7）．

①自転車に乗って坂を下りるときは，空気の抵抗と，タイヤと地面との摩擦抵抗以上の力が，地球に引っ張られる力，重力によって得られますから，こぐという力を筋肉が発揮しなくてもしだいに加速していきます．

②平地を走るときは，空気の抵抗と，タイヤと地面との摩擦抵抗に見合う力を筋肉が発揮すれば進んでいきます．

③坂を上っていくときは，重力に抗してペダルをこがなければなりませんから，筋肉は平地を行くとき以上の力を発揮しなければ上っていけません．

この①から③まですべて運動することになります．しかし，①の自転車に乗ってペダルをこがずに坂を下っていく運動は，前に述べたように，ほとんど重力のない宇宙に滞在するとか，病気で寝たままの生活を送るのと同じで，運動能力は急速に低下していきます．②の平らなところを行く場合は，同じ距離を歩いて，あるいは，走って行くのに比べれば，はるかに筋肉の活動を必要としません．い

わゆる機械化された現代社会で，今問題とされている運動不足の状態といえるでしょう．③の坂を上る場合は，坂の勾配，斜度が強ければ強いほど，筋肉は大きな力を発揮しなければ上っていけません．坂の緩やかなところを上り続けるときは，"ねばり強さ"を発揮することになるし，坂の急なところを上るときは"力強さ"を発揮することになるのです．

つまり，自転車に乗ることを例にあげれば，坂を上ることが「運動する」ことになるのです．

6. どんな運動をすればよいのか

では，中年の人はどんな運動をどのくらいすればよいのでしょうか？　いつでも，どこでも手軽にできる運動として「歩く」を取り上げて，中年向きの運動のやり方を，次に説明します．

1) ストレッチング・エクササイズ

まず，からだのあちこちのストレッチングをします．ストレッチングとは，筋肉を伸ばすことです．筋肉自身では伸びることはできませんから，他の筋肉の力，他人の力，重力などを利用して行ないます．

ここで，読者の方もやってみましょう．両手を肩から指先まで真っ直ぐ上へ伸ばします．そのまま伸ばしていてください．これは，肩や腕を引っ込める筋肉を伸ばしていることになります．10〜15秒たったら力を抜いて，止めて下さい．もっと強く伸ばすときは，両手で鉄棒につかまりぶら下がります．自分の体重が力となって，筋肉をより一層強く伸ばしてくれるでしょう．

具体的にはいろいろな方法がありますから，次の頁を参考にしてください．ここでは，ストレッチングするときに，注意すべき点を次にあげておきましょう．

・呼吸を止めない
・反動をつけない
・過度に伸ばさない
・10秒間以上伸ばし続ける

このように筋肉が伸ばされることによって，関節周りの靭帯や腱が伸ばされ，いわゆる，からだが硬くなるのを防ぎます．また，筋肉が伸ばされることによって，神経系が活性化され，運動する準備が整えられます．歩く前は，特に腰や下肢の筋肉について，ストレッチングを念入りに行なうようにしましょう．

◆ ストレッチング・エクササイズ ◆

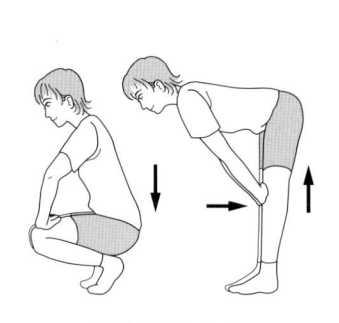

膝を屈伸する 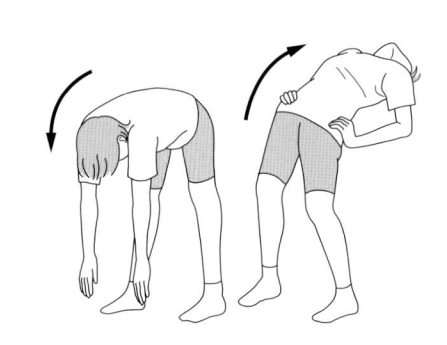　　　　　上体を前・後に伸ばす 　　　上体を左・右へねじる

体側を伸ばす 　　全身をまっすぐに　　つま先を前後に伸ばす 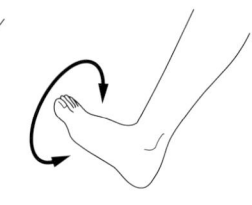　　足首を回す
　　　　　　　　伸ばす

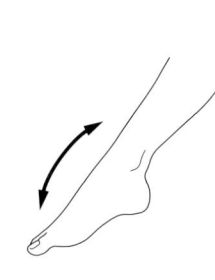

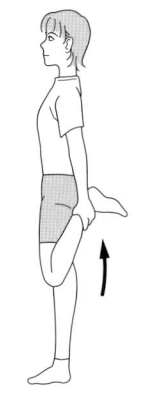

かかとをおしりに　　膝を抱え，胸に　　　股関節を伸ばす 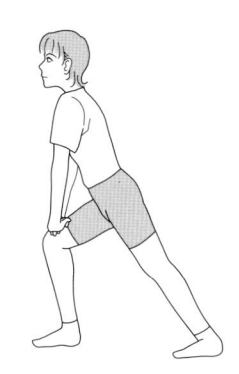　　ふくらはぎを伸ばす
つけるようにする　　つくようにする

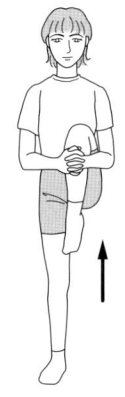

◆ ストレッチング・エクササイズ ◆

中腰になって両膝を押し広げる

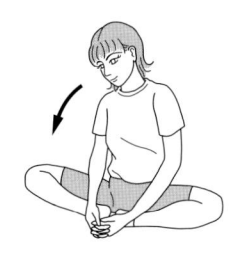

足のうらを合わせて引き寄せ，上体を前へ屈げる

筋肉をもみほぐす

足裏を指圧する

肩をすぼめる

肩を前後に回す

首を曲げる

首を回す

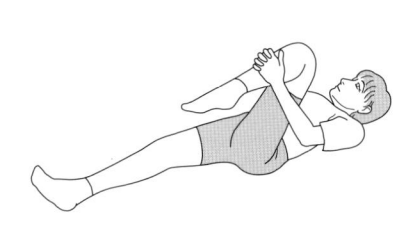

片方の膝を抱えこむ

上体をそらして片方の膝を伸ばす

足首を回す

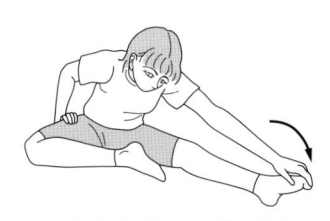

つま先を押して伸ばす

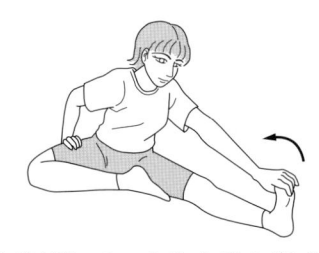

膝を伸ばしてつま先を引き寄せる

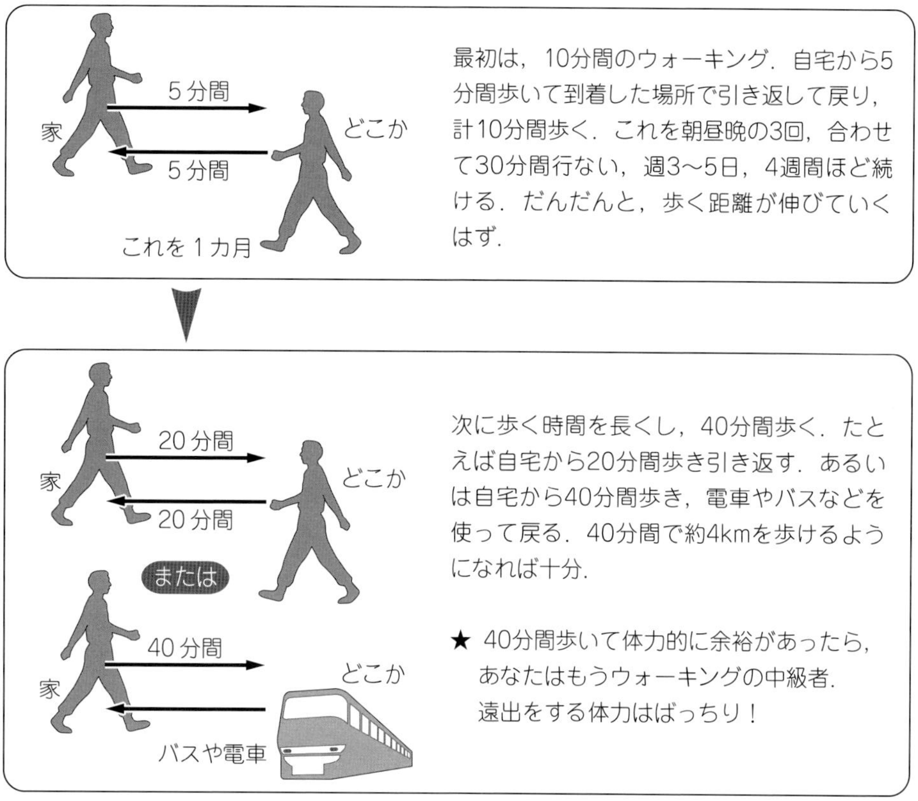

図 3-8 運動習慣のなかった人は，1日に10分間3回のウォーキングから始めよう
（宮下, 2002）

2）ウォーキング（エアロビック・エクササイズ）

　次に，平らなところを歩きます．これまであまり運動してこなかった人では，最初は家や勤務先から5分間歩いて行って，戻ってくることから始めます（図3-8上）．同じ5分間でも，少しずつ遠くまで行くようにします．これを1日に，朝，昼，晩の3回くり返します．

　歩き方は，いつもより"歩幅をやや広げて"，"やや速く"歩きます．肘はやや曲げて，歩く速さに応じて，肩から腕を前後に振るとよいでしょう（図3-9）．このような歩き方が，本人にとって適当かどうかは，心拍数を測って確かめます．心拍数が無酸素性作業閾値に近い目標心拍数，すなわち，220から自分の年齢を引いて，その数の60～75％であれば適当です（図3-10）．

　この10分間3回の歩行を，1週間に3～4日行なうと，4週間目ぐらいから歩く能力が向上してくるのが，自分でもわかってきます．そうなったら，休日に20分間歩いて戻ってくる，あるいは，40分間歩いて行って，帰りは電車かバスといった乗り物を使って戻ってくる．これを試してみましょう（図3-8下）．しだいに，40分間やや速く歩いても疲れず，まだまだ歩けるようになってきます．

◆普通に歩く◆
ふだん歩くときの自然な速さ（約70m/分）．歩幅の目安は身長の約40〜45％．

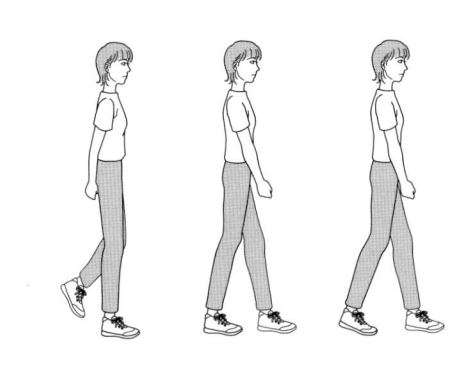

◆やや速く歩く◆
忘れ物を取りに戻るときの速さ（約90m/分）．歩幅の目安は身長の約45〜50％．

◆できるだけ速く歩く◆
遅刻しそうになって駆け出す寸前の速さ（約110m/分）．歩幅の目安は身長の約50〜55％．

図3-9　エアロビック・エクササイズ（ウォーキング）

3）パワーアップ（レジスタンス・エクササイズ）

　脚の力強さを向上させるためにウォーキングの途中で，坂道か階段を上ってみます．平らなところを歩くのと比べると，運動の強さは強いので平地と同じ歩幅やペースでは歩けません．坂道では，歩幅を狭くして歩きます．また，階段では，1秒に1歩のペースで上ります（図3-11）．いずれにしても，1回に30秒間から1分間ぐらい続けて上ってみます．もちろん疲れるようなら，少々休憩をはさんでもいいのです．ところで，上ったら下りなければなりません．上りより下りの方が，特に階段では，転落などの危険が高いので，十分注意し急がずに下りるのが大切です．

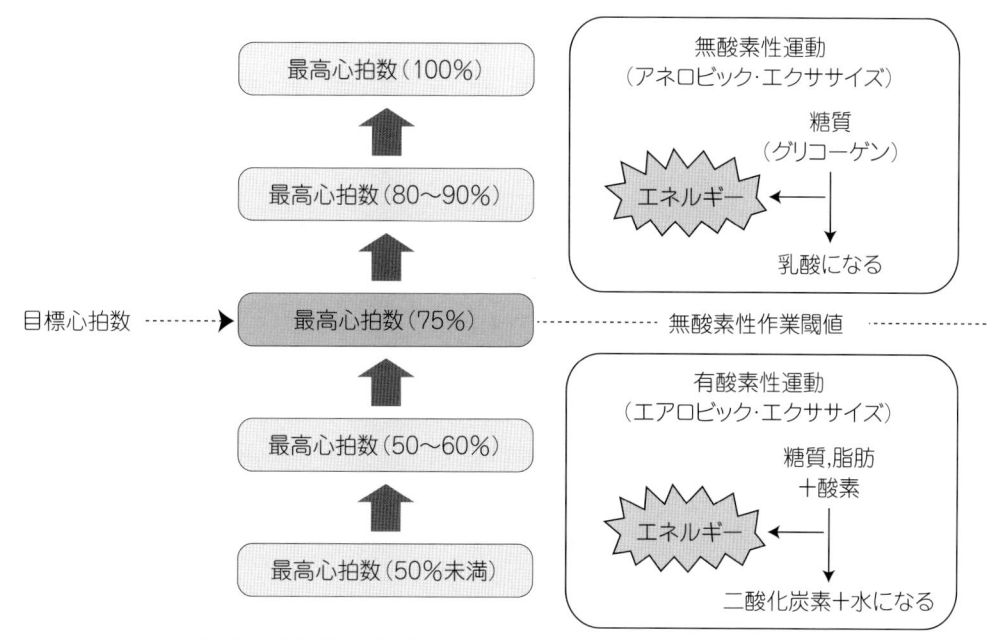

図3-10 無酸素性作業閾値ぐらいの速さで歩くのがちょうどよい (宮下, 2000)

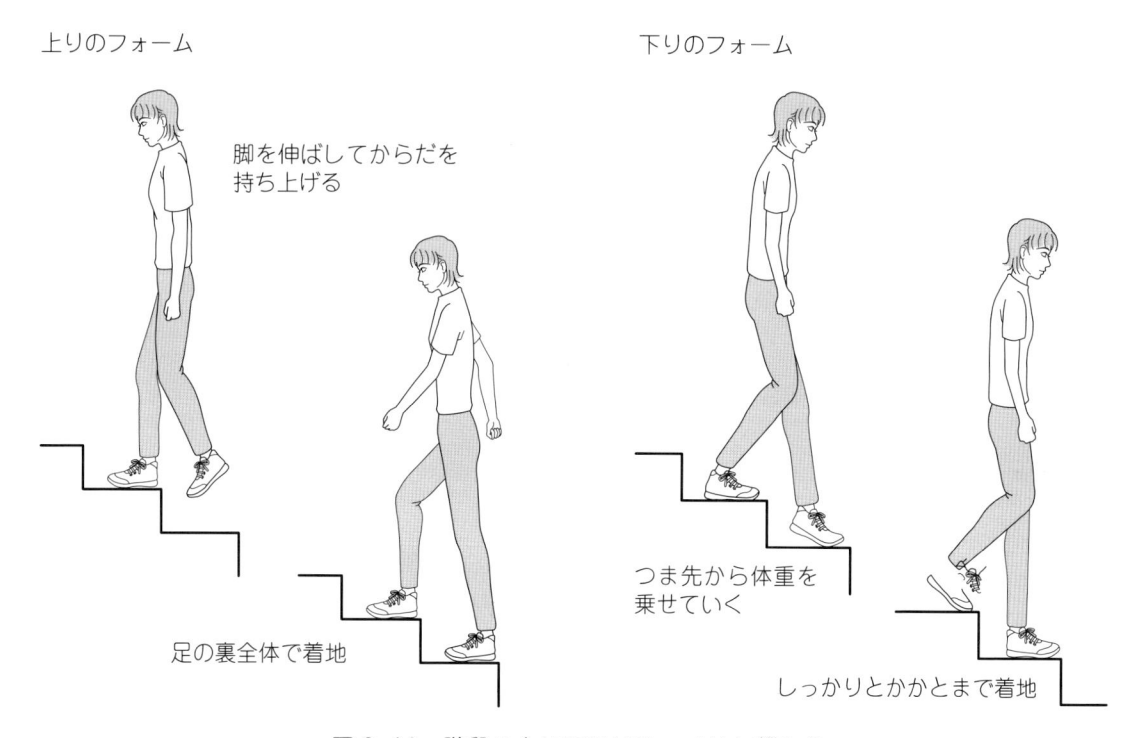

上りのフォーム　　　　　　　　　　下りのフォーム

脚を伸ばしてからだを持ち上げる

足の裏全体で着地

つま先から体重を乗せていく

しっかりとかかとまで着地

図3-11 階段の上り下りはゆっくりと行なう

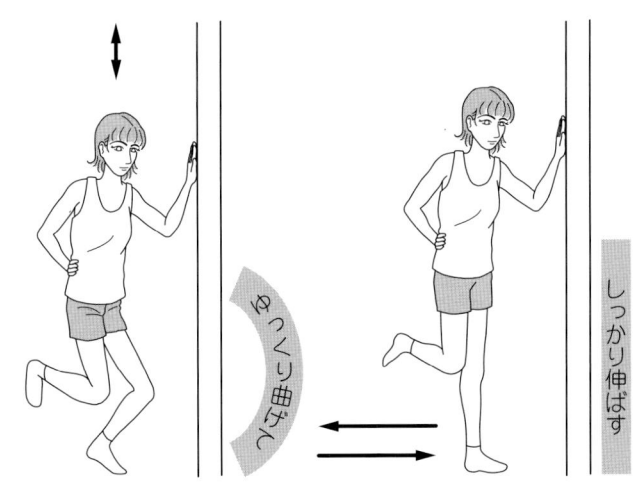

図3-12　どこでもできる脚力強化法 (宮下, 2000)
左右10回ずつ屈伸し, それぞれ2回くり返す.

　自宅で脚の筋肉を鍛える方法を紹介しますので, 読者の方もやってみてください. まず, 両足を肩幅に開いて立ちます. つま先はやや外側へむけます. 1～2秒間かけてゆっくり膝を曲げて, 腰を落としていきます. 上体がまえかがみにならないように注意しましょう. 中腰になったら, 膝をやや速く (1秒間以内) 伸ばし直立姿勢となります. また, 膝をゆっくり曲げていきます. そこから伸ばしましょう. 慣れてきたら, 伸び上がるときに勢いをつけて, かかとを上げてつま先立ちになるようにします. これを10回くり返すのです. できれば, 数分間の休憩をはさんで2～3度やってみましょう.

　両足ではもの足りない人は, 片足で同じことをやってみてください. まず, 右足で立ってゆっくりしゃがんで, そこからやや速く伸び上がります (図3-12). ふらつく人は, 手を壁や机についてバランスをとってください. 両足のときに比べ, はるかに大きな力を発揮することになるのがわかるでしょう.

7. 運動実践の効果

1) ストレッチング・エクササイズ

　運動の中でも, ストレッチング・エクササイズを行なえば, 次のような効果があります.
・眠気をさまします.
・筋肉を運動開始状態にし, 運動による障害を予防します.
・筋肉内の血流を盛んにし, 老廃物質の除去を促進させます.

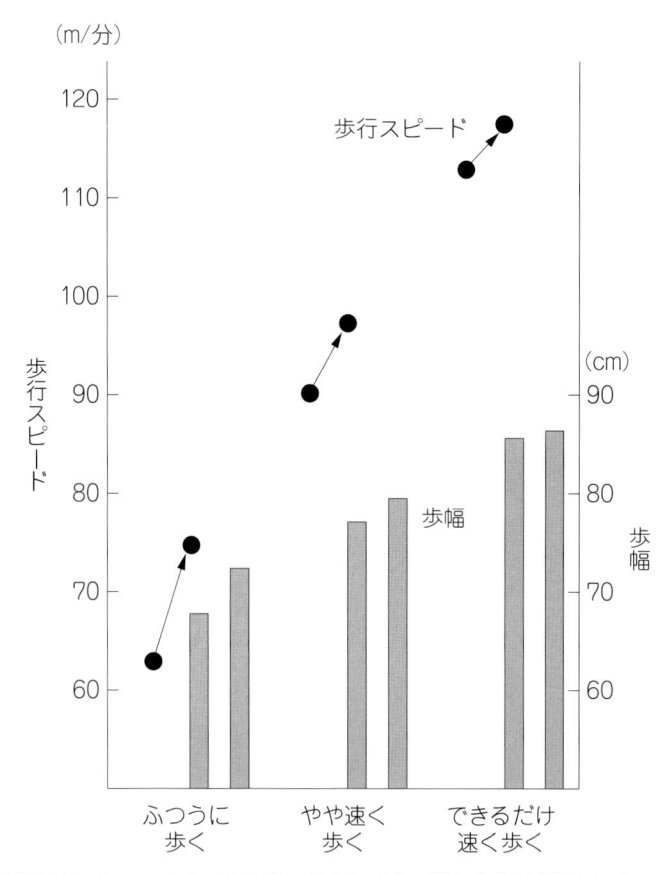

図 3–13　10 週間のウォーキング実践で歩行スピードと歩幅が増大した（鈴木ら, 1998）
　（成人女性 122 名の平均）

2) エアロビック・エクササイズ

　運動の中でも，ウォーキングのようなエアロビック・エクササイズを定期的に継続していけば，からだにさまざまなよい効果がもたらされることがわかっています．

　①歩くスピードが回復します（図 3–13）．

　122 名の成人女性が 10 〜 12 週間ウォーキングを実践するようになると，歩くときのスピードが歩幅の延長とともに向上したという報告があります．

　②ほとんど運動しない人に比べ，死亡率を低下させます（図 3–14）．

　例えば，ハーバード大学卒業生に対して行なわれた追跡調査では，歩行距離が 1 週間に 3 マイル（4.8km）未満の人の死亡率を 1 とすると，9 マイル（14.4km）以上歩く人の死亡率は 0.79 へ減少することが報告されています．

　③酸素を供給している血管での血液の通りがよくなり，脳卒中などの脳血管障害や心筋梗塞などの心臓にある冠動脈障害を予防します．

　例えば，12 名の中年の女性が，8 週間ウォーキングを週 6 日，1 日に 50〜60

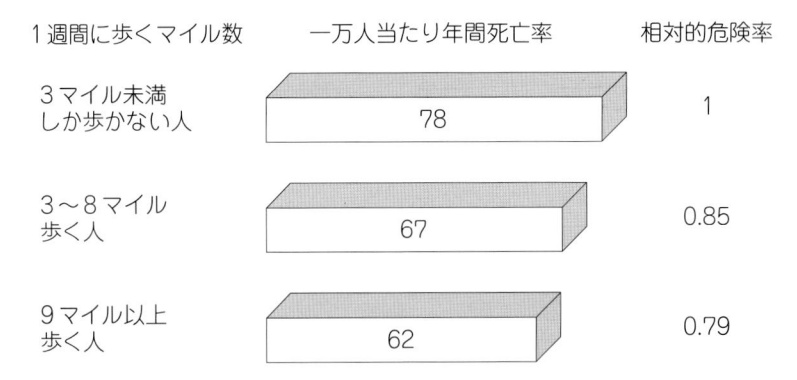

1週間に歩くマイル数	一万人当たり年間死亡率	相対的危険率
3マイル未満しか歩かない人	78	1
3〜8マイル歩く人	67	0.85
9マイル以上歩く人	62	0.79

図3-14　よく歩く人ほど死亡率は低い（Paffenbarger et al., 1986）
グラフはハーバード大学の卒業生16,932名を対象に10年間追跡調査した結果

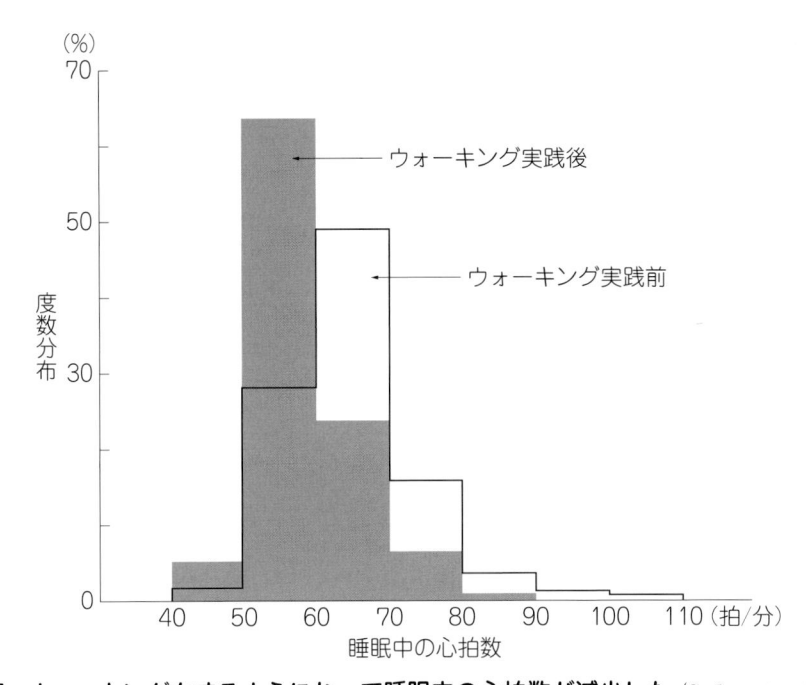

図3-15　ウォーキングをするようになって睡眠中の心拍数が減少した（Sadamoto et al., 1986）

分間実践したところ，睡眠時の心拍数の平均が63.7拍／分から59.0拍／分へ減少し（図3-15），1分間に100mのスピードで歩くときの心拍数の平均は129.2拍／分から118.3拍／分へと減少したことが報告されています．これは心臓循環系機能の改善によると推測されています．

④善玉コレステロールといわれるHDLコレステロールが増え，高血圧症の進行を抑える役目を果たします．

例えば，成人男女が12週間ウォーキングを実践するようになって，総コレステロール，中性脂肪は減少し，HDLコレステロールは増加したとか（浅子ら，1997），血圧が境界領域にある閉経後の女性15名が，これまでより1日に歩数にし

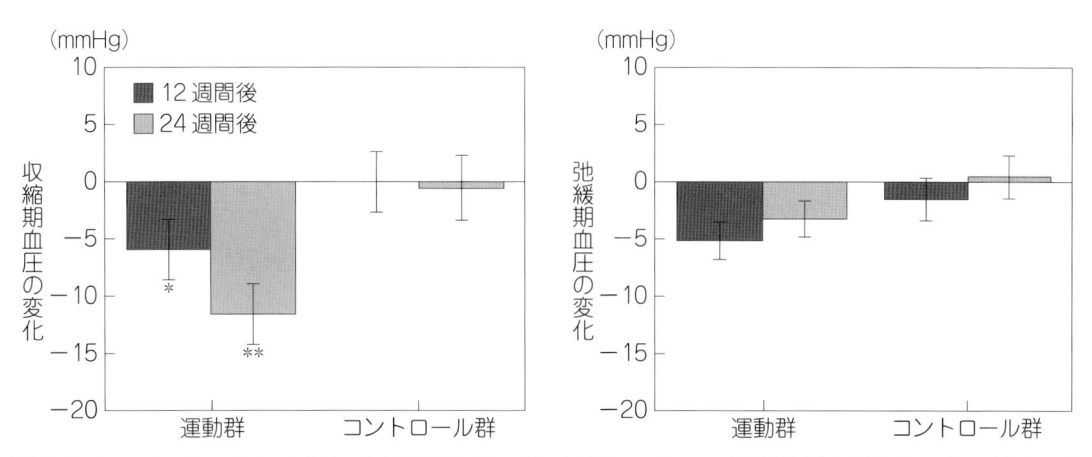

図 3-16 これまでより 1 日に 30 分間余分に歩くようになって収縮期血圧がはっきり低下した
(Moreau et al., 2001)

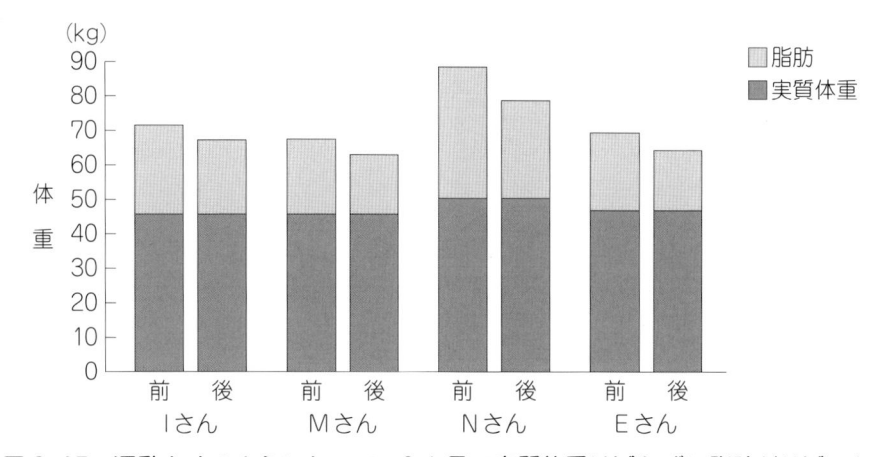

図 3-17 運動をするようになって，3 カ月で実質体重は減らずに脂肪だけ減った
(宮下, 1992)

て 4,300 歩，距離にして 2.9km 余分に歩いた 24 週間後，収縮期血圧が 142mmHg から 131mmHg へと低下したことが報告されています（図 3-16）．

⑤エネルギー源として脂肪もたくさん消費しますから，高脂血症の進行を抑え，肥満の解消や予防に効果があります．

例えば，4 名の 40 歳代の女性が，やや速めのスピードで 1 日に 50〜60 分間ウォーキングを実践した結果，3 カ月後には 3〜9kg の減量に成功して，その減量はすべて体脂肪量の減少であったという報告がなされています（図 3-17）．

⑥糖代謝が活発になりますから，糖尿病の治療に有効といわれています．

⑦骨に適当な圧力をかけるので，女性に多い骨粗鬆症を予防します．

例えば，閉経後の女性たちが，3.1kg のウエイトベルトをつけて 50 分間のウォーキングを，週 4 日の頻度で 52 週間実践したところ，実践しなかった人々

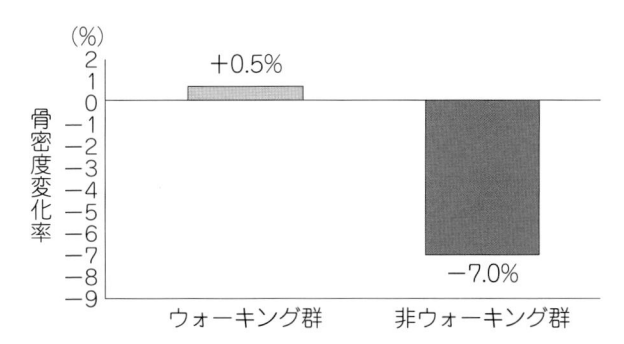

図 3-18 3.1 kg のウエイトを腰につけて 50 分間ウォーキングを実践したグループは，1 年間で腰椎の骨密度がやや増加し，しなかったグループは大きく減少した（Nelson et al., 1991）

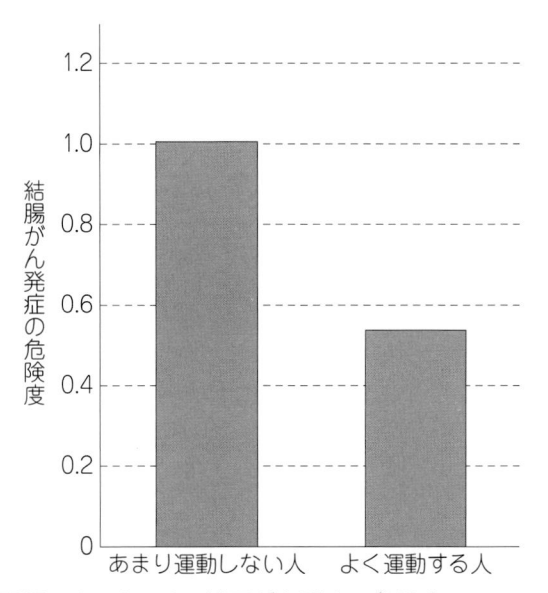

図 3-19 運動習慣のあるなしと，結腸がん発症の危険度（Giovannucci et al., 1995）
（40～75 歳の約 48,000 名を対象とした調査）

の骨密度が 7.0％減少したのに比べ，ウォーキングを実践した人々は骨密度が 0.5％増加したという報告がなされています（図 3-18）．

⑧結腸がんにかかる危険度を減少させます．

ほとんど運動らしい運動をしない人の結腸がんにかかる危険率を 1 とすると，よく運動する人が結腸がんにかかる危険率は 0.5 であるという調査結果が報告されています（図 3-19）．

⑨精神的なストレスが発散されるなど，心理的効果が期待されます．

例えば，35 名の中年の女性たちを 2 群に分け，一方の人々にはこれまでどおりの生活をしてもらい，もう一方の人々には 1 日に 45 分間のウォーキングを週

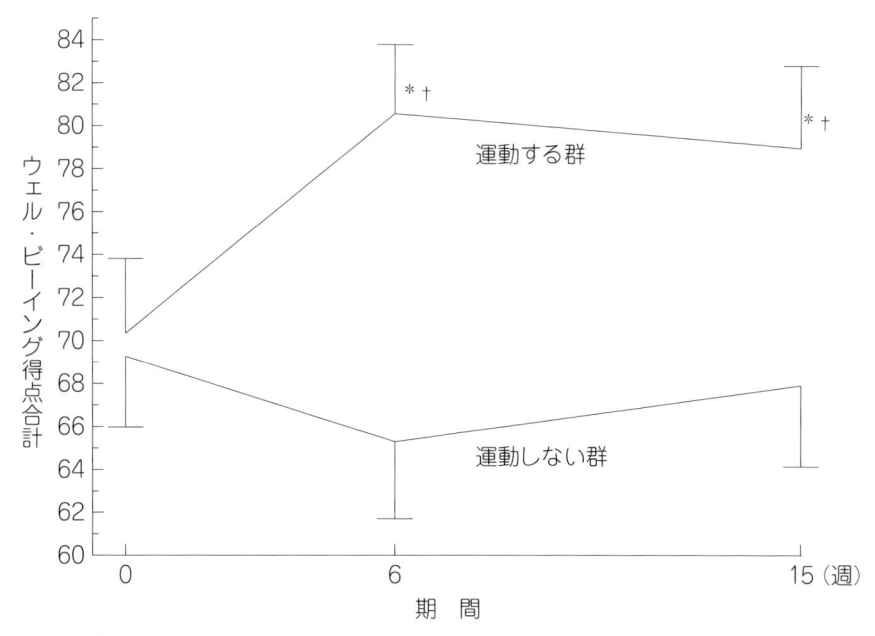

図 3–20　適度な運動をするようになって心理的な幸福感が高まった（Cramer et al., 1991）
*運動前後の比較，†群間の比較（p<0.05）

5日の頻度で実践してもらったところ，6週間後のウォーキング実践者のウェル・ビーイング得点が平均して10点上がり，その後15週間後も高い水準にあったという報告がなされています（図3–20）．

また，速歩きを週5日の頻度で1日に30分間実践する前後に心理テストを実施して比較すると，緊張／不安尺度は明らかに低下し，その低下の度合いはウォーキング実践前に高かった人ほど大きかったと報告されています（Murphy et al., 2002）．

3）レジスタンス・エクササイズ

運動の中で，物を持ち上げるといったレジスタンス・エクササイズを定期的に継続すると，次のような効果が得られます．

・腹筋や背筋が強くなって，腰痛を予防します．
・脚の筋力が増強され，転倒を予防します．
・転倒して手をついたり，腰をついたりしたときも，骨折から逃れられることが期待されます．

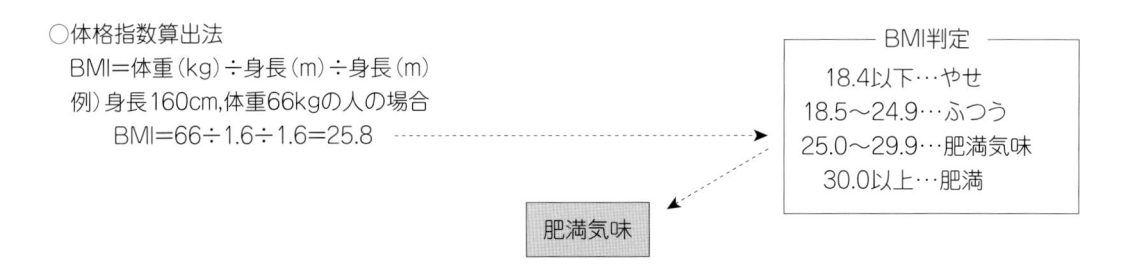

○体格指数算出法
BMI＝体重(kg)÷身長(m)÷身長(m)
例)身長160cm,体重66kgの人の場合
　BMI＝66÷1.6÷1.6＝25.8

```
─ BMI判定 ─
18.4以下…やせ
18.5～24.9…ふつう
25.0～29.9…肥満気味
30.0以上…肥満
```

肥満気味

○体格指数表

体　重 (kg)

身長(cm)	40	45	50	55	60	65	70	75	80	85	90	95	100	105	110	115
150	17.8	20.0	22.2	24.4	26.7	28.9	31.1	33.3	35.6	37.8						
155		18.7	20.8	22.9	25.0	27.0	29.1	31.2	33.3	35.4	37.5					
160		17.6	19.5	21.5	23.4	25.4	27.3	29.3	31.3	33.2	35.1	37.1				
165			18.4	20.2	22.0	23.9	25.7	27.5	29.4	31.2	33.1	34.9	36.7			
170			17.3	19.0	19.6	22.5	24.2	26.0	27.7	29.4	31.1	32.9	34.6			
175				18.0	18.5	21.2	22.9	24.5	26.1	27.8	29.4	31.0	32.7	34.3		
180					17.5	20.1	21.6	23.1	24.7	26.2	27.8	29.3	30.9	32.4	34.0	
185						19.0	20.5	21.9	23.4	24.8	26.3	27.8	29.2	30.7	32.1	33.6

図3-21　体格指数（BMI）の算出法と早見表

8．肥満の解消と予防

1）体格指数とは

　ところで，中年になると，「中年太り」といわれる肥満が気になります．肥満がからだに悪いことは，心臓病や糖尿病などやっかいな病気の引き金になるからです．そこで，アメリカのスポーツ医学会（American College of Sports Medicine, 2001）は，成人向け減量の指針を発表しました．

　この指針では，体格指数が肥満の基準として用いられています．体格指数とは，英語でBMIといわれ，kgで表した体重を，mで表した身長で2回割って求めます（図3-21）．私は，体重が67kgで身長が164cmですから，67割る1.64，割る1.64で求めます．その結果，体格指数，BMIは，24.91となります．この基準では，25から29.9を肥満気味，30以上を肥満と規定しています．私は，ぎりぎり肥満気味にならないところにいます．ちなみに，統計結果によりますと，BMIの値が22から23の人がもっとも病気にかかりにくい体格であると報告されています．

　急激な減量は，からだに障害をもたらします．また，リゲインといって，すぐ

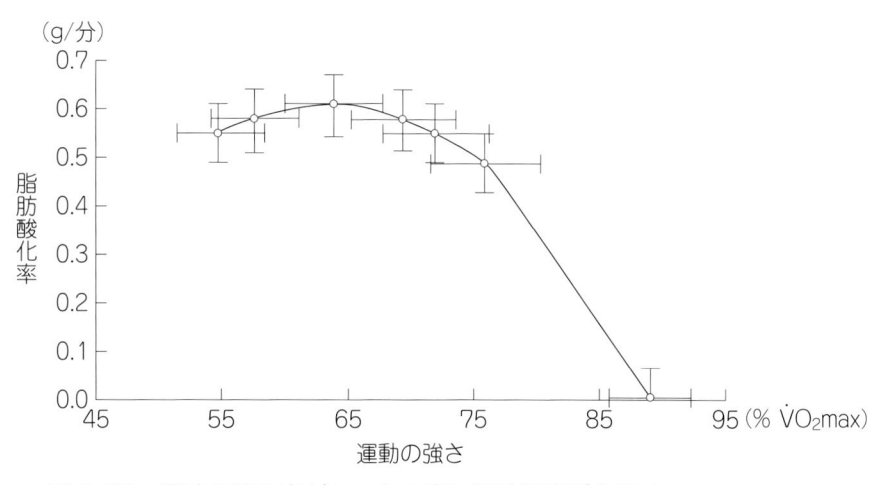

図 3-22 脂肪の酸化率がもっとも高い運動強度がある (Achten et al., 2002)

に元の体重に戻ってしまいます．肥満になるのは，短期間ではありません．特に，中年太りは，長い年月を経て気がつかないうちに，太ってしまう場合がほとんどです．ですから，減量をするときも，時間をかけて行なうべきなのです．

2) アメリカ・スポーツ医学会がすすめる減量法

アメリカ・スポーツ医学会が，肥満している人に対してすすめる減量の程度は，「1日の食事から 500〜1,000kcal 減らすこと」，そして，「運動する量を少しずつ増やし，1週間に 150 分間（1週間に 5 日やるとすれば 1 日に 30 分間），中程度の強さの運動をしましょう」というのです．さらに，健康な状態を保持し続けるためには，運動の量を増やし，1週間に 200〜300 分間，カロリーにして 2,000kcal 消費するように運動しましょうというのです．

1週間でやせる，1カ月間でやせる，など性急に減量を求める日本人は，反省すべきではないでしょうか．

3) 脂肪がもっとも多く酸化される運動の強さ

固定自転車（自転車エルゴメータ）のペダルにかかる抵抗をいろいろ変えた運動負荷テストによって，体内の脂肪がもっともたくさん酸化される運動の強さを明らかにした研究論文が発表されました（図3-22）．

その結果，平均してみると最高心拍数の 74.3％になる運動の強度で，もっとも多くの脂肪が酸化される（1分間当たり 0.6g）ことがわかりました．そして，このもっとも多くの脂肪が酸化される運動強度以上で運動すると，酸化される脂肪の量は急激に減少してしまうということです．

ですから，心拍数をモニターしながら，最高心拍数の 74％ぐらいになるエア

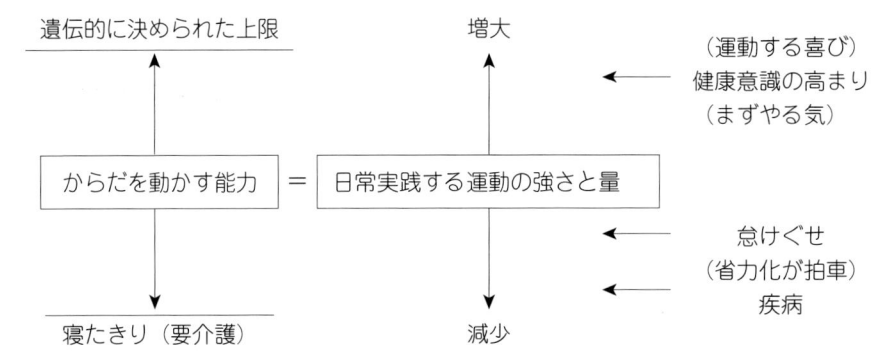

```
遺伝的に決められた上限                    増大
                                                    ← （運動する喜び）
                                                      健康意識の高まり
                                                      （まずやる気）
     ┌──────────┐   ┌──────────────┐
     │からだを動かす能力│ ＝ │日常実践する運動の強さと量│
     └──────────┘   └──────────────┘
                                                    ← 怠けぐせ
                                                      （省力化が拍車）
                                                      疾病
     寝たきり（要介護）                   減少
```

図3-23　身体運動遂行能力は日常実践する運動の強さと量によって決まる

　ロビック・エクササイズを1日に60分間実施したとしますと，体内の36gの脂肪が酸化されたことになります．もし，1日おきに3カ月間続けたとしますと，体内の脂肪が確実に1.6kg減少すると計算されるのです．

まとめ：中年には日ごろの運動実践が大切である

1）運動しようという自覚を持つ

　さて，からだを動かす能力は，日常実践する運動の強さと量によって決まってきます．強さと量が増大すれば，からだを動かす能力は遺伝的に決められた上限にまで向上します．ところが，強さと量が減少すれば，からだを動かす能力は低下し，寝たまま，要介護の状態になってしまいます．

　ところで，人間には生まれつき持っている，怠惰な性質があります．"怠けぐせ"といわれるものです．これが，加齢とともに，日常実践する運動の量と強さを減少させる大きな要因になっているのです（図3-23）．

　また，先に述べたように，生活全般にわたっての機械化が仕事での省力化を促進させて，日常生活での運動の強さと量の減少に拍車をかけているのです．もちろん，ある種の病気になれば，運動ができなくなって運動量が急激に減少するのは当然の結果です．

　こうした運動の強さと量が減少するのを止めるには，まずもって，本人自身のやる気，すなわち，運動するという強い意思を持つことが不可欠です．中年では，運動不足はさまざまな生活習慣病の引き金になります．すでに生活習慣病にかかっている人では，それを悪化させます．そうなれば，治療のための出費がかさみ，さらに悪化すれば高齢者になる前でも，寝たままになり，他人の手助けが必要となってしまうでしょう．

　こうしたある程度の危機感をもって，運動実践に積極的に取り組むことです．そうすれば，運動することが日常生活の中に定着し，習慣化され，運動すること

図3-24　「階段を使った方が健康にいい」という張り紙をするとエスカレーターを使わない人が増える

自体が喜びとなっていくでしょう．この運動の習慣化が，高齢になっても自立して生活する能力の保持に結びつくのです．

2) エスカレーターを使わない

ところで，次のような調査結果が発表されています（図3-24）．アメリカのペンシルベニア大学の研究者ら（Brownell et al., 1980）が，ショッピングモール，駅，バスターミナルの，エスカレーターと階段とが並んでいるところで，どちらの利用者が多いのか数日間調べました．対象となった人は，約4万5,000名でした．当然なことですが，エスカレーターを利用する人のほうがはるかに多かったのです．

そこで，エスカレーターの前に，「便利なエスカレーターばかり利用していると，あなたの健康は損なわれます」というポスターを張り出しました．とたんに，多くの人が階段を利用するようになり，その数は2倍にもなったといいます．

ところが，このポスターをはずしてしまうと，しだいに階段を利用する人が減り，約2カ月で元のようになったというのです．

同じような調査が，イギリスのグラスゴー大学の研究者ら（Blamy et al., 1995）によって行なわれました．月，水，金の朝8時30分から10時までの間，市内にある地下鉄の駅のエスカレーターと階段とが並んでいる場所で，重い荷物を持った人を除外した約2万2,000名を観察対象としました．

最初の1週間観察した後，「健康を保つために，階段を利用しましょう」というポスターを張ったのです．張り出して3週間の間に階段利用者は増加しました．ところが，おもしろいのは男女差があったことです．階段を利用する男性は12％から21％へと増えたのに比べ，女性では増えたのは増えたのですが，5％から12％へ増加しただけでした．

そして，ポスターを取り除いた後は階段を利用する人がしだいに減少していったというのです．このような観察結果から，スコットランドの健康管理課では，全地域の仕事場に"階段を利用するように"という呼びかけのポスターを張り出すことにしたそうです．
　この調査結果は，運動することがからだにとって必要であることはわかっていても，その知識を呼び覚ます"きっかけ"がとても重要であることを示唆しているのです．

第4章

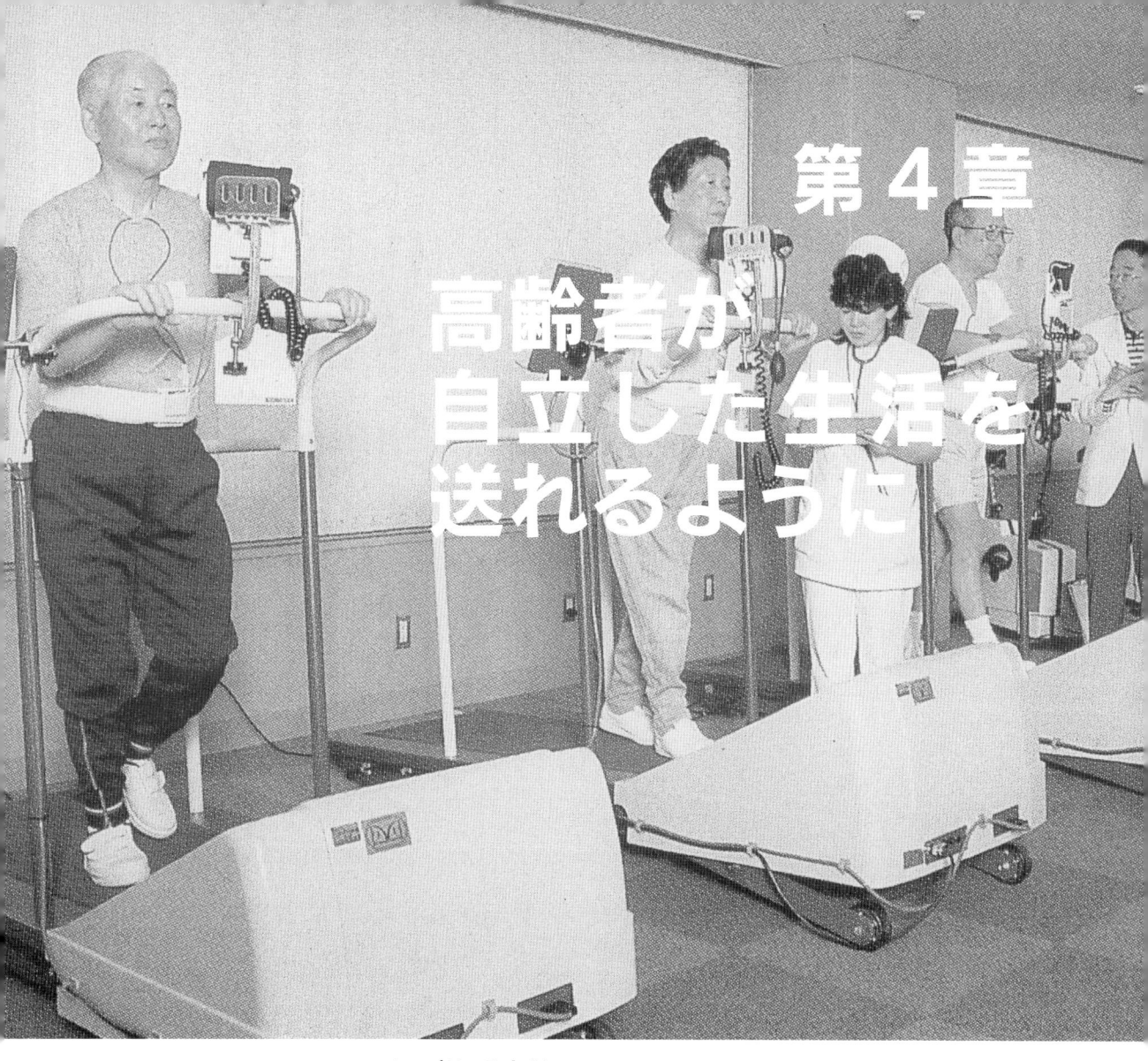

高齢者が自立した生活を送れるように

1. 老いるとは
2. 老化予防に一番大事なことは運動
3. どんな老い方を選択したいか？
4. 高齢者に望まれる体力
5. 体力を確かめてみる
6. 加齢と体力の低下
7. トレーニングによる体力の向上
8. 運動するときの注意点
9. 運動中止のサイン

まとめ：高齢者向けの運動施設と指導者が不可欠である

わが国はすっかり高齢社会になり，65歳以上の人を一言で高齢者とはいえなくなってしまいました．そこで，老人医療の専門家折茂肇は，65〜74歳をold，75〜84歳をold-old，85歳以上をoldest-oldと分けられると述べています．そして，「最も理想的な生き方は，できるだけ長い間生きがいのあるQOLの高い生活を送り，ある時点でぽっくり死ぬ，自分も苦しまず，他人にも迷惑をかけずにである．」と述べ，これを「直角型人生」と呼んでいます（折茂, 2002）．
　私も，前出の図3-6にある加齢に伴う体力の低下傾向から，病気で体力が落ちたままの状態を長く続けて死を迎えるのは「鈍角死」で，対照的に高い体力水準を維持して突然死亡するのを「直角死」と呼べるといってきました．

1．老いるとは

　江戸時代では長命な84歳で死んだ貝原益軒は，「養生訓」の中で年齢と寿命とを次のように述べています．
　「人間のからだは百年を期限とする．上寿というのは百歳，中寿というのは八十歳，下寿というのは六十歳である．六十以上は長生きである．世間の人をみると，下寿を保つ人は少なく，五十以下の短命の人が多い．"人生七十古来まれなり"，というのはうそではない．長命する人は少ない．五十なっていれば不夭（ふよう）といって，若死にではない．人の命はどうしてこんなに短いのか．これみな養生の術がないからである．短命なのは生まれつき短いのではない．十人のうち九人は，みな自分でそんじているのである．だから人みな養生の術がなくてはならない．」（貝原, 1973）．
　その貝原は，老人の保養と題して，高齢者が注意すべきことを次のように述べています．
　「老人の保養は，いつも元気を惜しんで気をへらしてはいけない．呼吸を静かにして乱暴にしてはいけない．ものを言うのもゆっくりして，いそいではいけない．口数も少なくし，起居・歩行も静かにする．乱暴な言葉で，早口で，声高に大きな声でものを言ってはいけない．怒らず憂えず，人の過ぎた過失をとがめない．自分の過失を何度も悔いない．人の無礼な無理押しを怒りうらまない．これみな老人の養生の道であり，同時に老人の徳行の慎みである．」（同上）
　ここで示されているのは，高齢者はすべてにわたって年相応にふるまった方がよいという過保護ぎみの考え方です．ところが，別のところで病気の予防について，日常生活の中での身体運動を実践することが重要であると述べています．
　「からだを日々すこしずつはたらかせることだ．ながく楽な姿勢で座っていてはいけない．毎日，食後にはかならず庭のなかを数百歩しずかに歩くがよい．雨の日は部屋のなかを何度もゆっくり歩くがよい．こうやって毎日朝晩運動すれ

ば，鍼灸を使わないでも，飲食や気血のとどこおりがなく，病気にならない．鍼や灸をしてひどい熱や痛みの苦しみをがまんするよりも，いまいったようにしていれば，痛い思いをしないで安楽である．」（同上）

2．老化予防に一番大事なことは運動

「生体の科学」という研究誌に，「加齢の克服―21世紀の課題」という特集が組まれています（伊藤ら, 2002）．その第一部に，8名の老化科学の権威者による座談会の内容が掲載されています．

まず，加齢とともに発症率が急増するアルツハイマー病について語られていて，その特徴のひとつとして，βアミロイドタンパクという物質の神経細胞への沈着が注目されています．

次に，アルツハイマー病が治るようになったとしても，人間は年を取るが，その年を取る過程を生理的老化と病的老化とに区別すべきだと語られています．病的老化に関しては研究が進んでいますが，生理的老化に関しては，正常老化とか，健康老化とか，自然老化とか人によって違った表現がなされていて，研究があまり進んでいないように思われます．

最後に，超高齢社会に臨んで話し合われています．その結論のような「老化予防の方策」という見出しのついたところで，田平武は「一番大事は運動，絶対運動です．」と断定的に述べています．

その点に関して，佐藤昭夫は「どうして運動がいいかというと，2つの理由が考えられます．ひとつは，運動というのは脳から指令が出ますね．運動野から指令が出ると単純に考えますが，それに加えて連合野と小脳も大脳基底核，大脳辺縁系，間脳も使って運動の動機づけ，運動のプログラムを作成して，実行する．」．

続けて「運動すると，脳から筋に指令が行きますが，もう一方では運動中に筋や関節から感覚性の入力がまた脳へ上がっていきます．脳を双方向にこんなに使うことは運動以外にはない．運動は筋肉，骨にとってばかりではなく，循環器系にとってもいいし，もちろん脳にとってもいいということではないでしょうかね．」と述べています．

老化のメカニズムについては，すべて明らかにされたわけではありません．しかし，老化については，生化学的研究から，分子生物学，細胞生物学のレベルへと詳細にわたる研究が続けられてきました．その予防策として"運動が一番いい"という結論は，運動の大切さが改めて指摘されているといえるでしょう．

3. どんな老い方を選択したいか？

　人間はだれでも老い、やがて死にます．これは、人間が生き物である以上、避けようがないことです．しかし、たとえそうであっても、私たちは各自が理想とする老い方を実現することができるのです．つまり、
①他人の介護を受けながら老いるのか、あるいは、
②他人の介護は必要ないまでも、毎日をただ漫然と過ごして老いるのか、そしてまた、
③これまで蓄えた人生の知恵、知識、技能を積極的に生かして、世のため、人のため、の仕事をしながら老いるのか、
という、いくつかの選択の道があるのです．
　もちろん、人生の最終段階では、必ず他人の世話になるに違いありません．しかし、自分の努力によって、そういった世話になる状態を短くすることができる、と考えたいのです．1,000万人の高齢者が同時に介護を必要とすれば、1,000万人の人が介護に当たらなければなりません．今後ますます高齢者が増えるわが国の高齢者は、自分自身で自分を守るという覚悟が必要なのではないでしょうか．

4. 高齢者に望まれる体力

　「どのように老いるのか」あるいは「高齢期をどのように生きるのか」には、「からだを動かす能力」、すなわち、体力のあるなしと深い関係があることは、改めて指摘することもないでしょう．
　とにかく「健やかに老いる」ためには、「行きたいときに、行きたいところへ、他人の介助なしで行ける能力」を有していることが必要条件です．言い換えれば、高齢者には一定以上の体力、これを、私は「基礎生活体力」と呼びますが、この体力を保持すべきであると提言してきました（宮下，1995）．具体的には、次の3つの体力です．
①余裕をもって4kmぐらいは歩くことができる「ねばり強さ」
②30段ぐらいの階段をしっかりした足取りで上がれ
③しかも、とっさに身をかわせる「力強さ」
　これだけできれば、今の日本では、他人の手助けなしに、どこへでも行くことができるのです．

①エアロビックパワーの測定：　②アネロビックパワーⅠの測定：
約4km速歩き　　　　　　　　　30段の階段上り

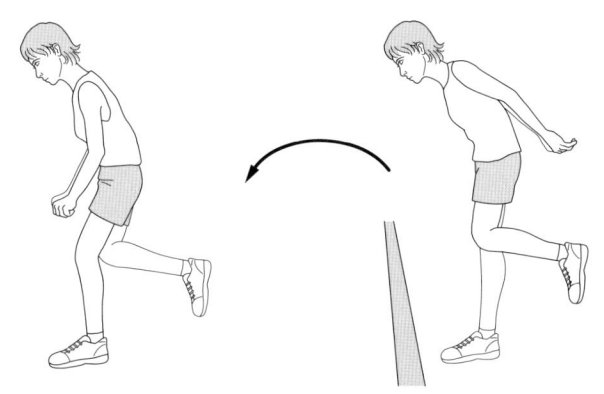

③アネロビックパワーⅡの測定：片足跳び

図4-1　高齢者には，3つのことができることが望まれる（宮下, 2000b）

5．体力を確かめてみる

　30歳を過ぎると加齢によって，からだのいろいろな機能は，1年間に約1％の割合で衰えていくことは，先に述べたとおりです．これとともに，日常生活での身体活動量も減少し，体力はしだいに低下していくのです．60歳代では，その低下の気配が感じられるとしても，前に述べた3つのことができないという人は少ないでしょう．ところが，この年代でからだを動かす能力の衰えを意識して，からだを動かす生活を送るようにならなければ，70歳を過ぎると早々に要介護へ近づくことになるのです．

　とりあえず，高齢者に望まれる体力がどの水準にあるか知るために，だれでも手軽にできる次のテストをやってみましょう（図4-1）．

　①の「やや長い距離を歩くことができるか」（エアロビックパワー）については，4km，あるいは，40分間やや速足で歩いてみます．その結果，次のような

判定をします．

 a. まだまだ歩ける，疲れていない
 b. やや疲れたが，もう少し歩ける
 c. とても疲れて，もう歩くのは嫌だ
 d. 途中で疲れて，歩けなくなった

②の「30段ぐらいの階段を上ることができるか」(アネロビックパワーⅠ) については，駅の階段，ビルの階段，あるいは，歩道橋の階段などを見つけて，1秒に1段のペースで，30段ぐらい上ってみます．その結果，次のように判定します．

 a. まだまだこのペースで上れる
 b. やや息がはずみ，脚に疲れを感じた
 c. かなり息がはずみ，これ以上同じペースでは上れない
 d. 途中でペースどおり上れなくなった

③の「すばやくからだを動かせるかどうか」(アネロビックパワーⅡ) については，片足で踏み切って前方へ跳び，もう一方の足で着地してみます．その結果，次のように判定します．

 a. 身長の70％以上跳べた
 b. 身長の40〜69％跳べた
 c. 身長の40％しか跳べなかった
 d. まったく跳べなかった

このテストで，a，あるいはbであった人は，高齢になっても自立した生活が送れる可能性が高いといえます．ところが，c，あるいはdであった人は，努力して運動を実践しなければ，早々に介護を必要とする高齢者になる可能性が高いといえます．

6．加齢と体力の低下

からだを動かす能力，すなわち，体力の加齢にともなう低下についての研究成果は，52〜54頁にいくつか紹介しました．このような加齢にともなって体力が低下していく背景には，筋肉の衰えがあるのです．

フィンランドの生理学者ら (Lexell et al., 1988) は，特別な病気を持たない健常者が事故で死亡した後，大腿の筋肉 (外側広筋) の筋線維数を調べて報告しています (図4-2)．それによると，個人差は大きいものの，20歳代では外側広筋には平均して約65万本の筋線維があります．そして30歳代で60万本，50歳代で58万本としだいに減っていき，60歳代からは急激に減少し，80歳代では20歳代のおよそ39％になってしまうというのです．すなわち，加齢とともに体力

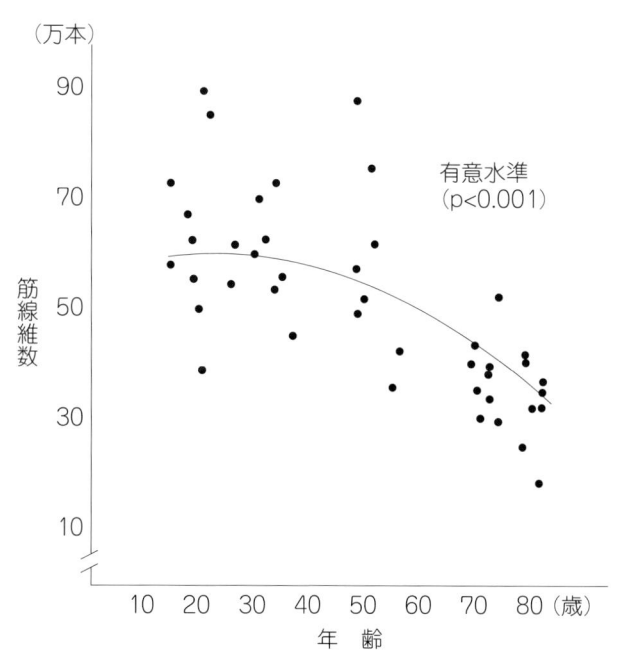

図4-2　加齢にともなう大腿の筋肉（外側広筋）を構成する筋線維数の減少
　(Lexell et al., 1988)
年齢の4乗に比例して24.2歳から有意に減少していく．20歳から80歳にかけて平均すると39％の減少となる．

が低下する生理学的根拠のひとつとして，遺伝子に組み込まれたプログラムに基づく筋線維数の減少があるのです．

7．トレーニングによる体力の向上

　からだを動かす能力の"ねばり強さ"，"力強さ"が加齢とともに1年におよそ1％の割合で低下していくことはすでに紹介しました．しかし，運動習慣を持っていなかった人では，意識して運動を実践すれば，それなりにからだを動かす能力は回復してくる可能性があるのです．

1）"ねばり強さ"向上の可能性

　健康な成人が"ねばり強さ"を保持・向上させるための適正な身体運動（エアロビック・エクササイズ）の量と質について，アメリカ・スポーツ医学会（American College of Sports Medicine, 1990）は，次のような指針を発表しています．
①身体運動の頻度：1週間に3〜5日
②身体運動の強度：最大酸素摂取量の50〜85％，あるいは，最高心拍数の60〜90％

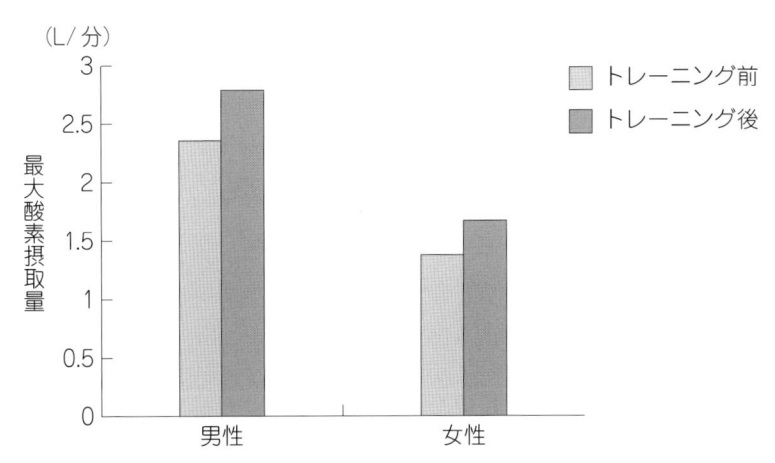

図4-3 エアロビック・トレーニングによって最大酸素摂取量は明らかに増加する
(Spina et al., 1993の資料より作成)

③身体運動の継続時間：20〜60分間，ただし，運動の強度によって変わる
④身体運動の種類：リズミカルに反復できる大筋群が活動する運動（ウォーキング，ランニング，サイクリング，スイミングなど）

次に，高齢者がエアロビック・トレーニングを実践した効果についての研究報告を2つ紹介しましょう．

①60〜69歳の男女31名が，週4日の頻度で，1日に45分間，心拍数が最高心拍数の70〜85％になる運動（上りのトレッドミル歩行，室内トラックでの走行，自転車エルゴメータこぎ，ローイングマシン運動など）を実践しました．その結果，9〜12週間後に最大酸素摂取量は，平均して男性で2.35から2.80L／分へ19％，女性で1.36から1.66L／分へ22％増加したというのです（図4-3）．

②70〜80歳の男女18名が，週3日の頻度で，1日に60分間，1分間に50回転の自転車エルゴメータを2分間あるいは4分間こぎ，2分間ないし4分間休憩するという間歇的運動を，8週間実践しました．ペダルの負荷は最大負荷の40％，60％，80％，100％へと順次増加させるというものでした．その結果，極大（ピーク）酸素摂取量は，平均して男性では1.76から1.90L／分へ，女性では0.94から1.22L／分へ，それぞれ有意に増加したというのです（Perini et al., 2002）．

2）"力強さ"向上の可能性

健康な成人が"力強さ"を保持・増強させるための適正な身体運動の内容について，アメリカ・スポーツ医学会（前述）は，次のような指針を発表しています．
「脂肪を除いた体重を増加・保持するのに十分な強度のレジスタンス・エクササイズを，最低1週間に2日実施する．1日に主要な筋群を対象として，10〜12

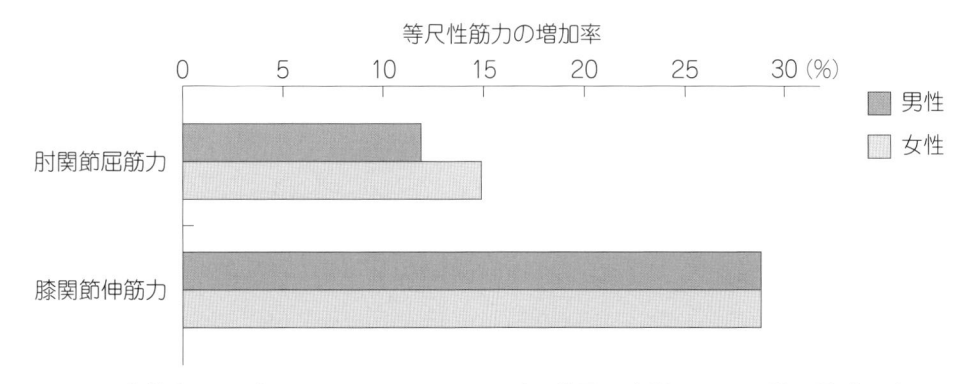

図 4-4　高齢者のレジスタンス・エクササイズの効果は上肢よりも下肢の筋群で大きい
（Hunter et al., 2002 の資料より作成）

種類の運動を 8〜12 回反復する.」

　高齢者がレジスタンス・トレーニングを実施して筋力を鍛えるメリットは，筋肉が弱る"筋肉減弱症"という病気や転倒の予防に役立つからです．次に，高齢者がレジスタンス・トレーニングを実践した実験結果を 3 つ紹介しましょう．

　①61〜77 歳の男女 26 名が，週 3 日の頻度で，1 日に 45 分間のレジスタンス・トレーニングを 25 週間実施しました．強度は動かせる最大重量の 65〜80％に相当するようにそれぞれ設定して，10 回反復し 2 分間の休息をはさんで 2 セットずつ行ないました．上肢，下肢それぞれ 5〜6 種類のレジスタンス・エクササイズでした．

　その結果，等尺性肘関節屈筋力は平均して男性で 12％，女性で 15％増加し，等尺性膝関節伸筋力は男女とも 29％増加したというのです（図 4-4）．このように，上肢に比べ，下肢の筋力の増加する割合が大きかったのは，加齢とともに下肢の筋群の衰えが著しいことを示唆しているといえます．

　加えて，この研究では身体組成の変化も報告されています．除脂肪体重は，平均して男性で 2.8kg，女性で 1.0kg 増加し，体脂肪量は平均して男性で 1.8kg，女性で 1.7kg 減少したというのです．このことは，しっかりプログラムされたレジスタンス・トレーニングを実践すれば，高齢になっても脂肪がとれ筋肉がつき，からだが締まってくる可能性があることを物語っています．

　②高齢者にみられるレジスタンス・トレーニングの効果について，若者と対比した結果が報告されています．

　65〜75 歳の男女 20 名と 20〜30 歳の男女 19 名が，レジスタンス・トレーニングを実施しました．トレーニングは，週 3 日の頻度で，24 週間実施しました．レジスタンス・エクササイズの内容は，全身の大筋群を対象としたマシンを利用した 10 種類以上の動作からなっています．まず，1RM の 50％の負荷で開始し，

	男　性		女　性	
	20～30歳 10名	65～75歳 11名	20～30歳 9名	65～75歳 10名
筋力の　（チェストプレス） 増加率　（レッグプレス）	23.6% 24.9%	17.4% 18.2%	30.5% 36.7%	14.8% 27.4%
除脂肪体重	2.0kg	1.0kg	1.9kg	0.9kg
1日当たり 安静時代謝量増加率	8.9% (152kcal)	8.8% (131kcal)	2.6% (32kcal)	4.6% (56kcal)

図4-5　レジスタンス・トレーニング効果は，年齢と性によって違ってくる
（Lemmer et al., 2001の資料より作成）

15回反復できるようになったら負荷を漸増するという方式をとっているのです．動作は短縮（コンセントリック）期が2秒間，伸張（エキセントリック）期が3秒間と，ゆっくり反復するように指導されていました．

その結果，1RMの重量で比較すると，上肢，下肢とも，筋力は増加しました．増加率は若者のほうが大きく，男女差はみられません．また，脂肪を除いた体重，除脂肪体重の増加量は，若者のほうが平均値で比較して約2kgと，高齢者の約1kgより明らかに大きかったのです．この研究では，さらに，安静時代謝量がレジスタンス・トレーニングの前後で比較されています．それによると，男性では若者と高齢者で安静時代謝量は9%増加しているのに比べ，女性では除脂肪体重が増加しているにもかかわらず，有意な変化が認められなかったと報告されています（図4-5）．

③平均年齢81.6歳の高齢者たちが，週3日の頻度で，1日に60～70分間の脚筋群を対象としたレジスタンス・トレーニングを，12週間実践しました．

レジスタンス・エクササイズの内容は，10～12回で疲労する程度のサンドバッグ・ウエイトを用いた方法が主でした．その結果，膝関節伸筋力（トルク）は，12週間目に55Nmから72Nmへと32%有意に増加しました（図4-6）．この研究では，トレーニング前後で歩行スピードについても比較されています．それによると，普通に歩くときのスピードは平均1.04から1.12m／秒へと8%，速く歩くときのスピードは平均1.43から1.49m／秒へと4%，それぞれ上昇したといいます．このように，80歳を越える高齢者でも，レジスタンス・トレーニングによって筋力は回復し，速く歩けるようになるというのです．

年老いてしまってからでも，ここで紹介した実験結果をみれば，手遅れではないことは明らかです．ですから，高齢になっても運動を定期的に続けていけば，体力はある程度回復し，加齢にともなう低下のスピードを緩やかにすることがで

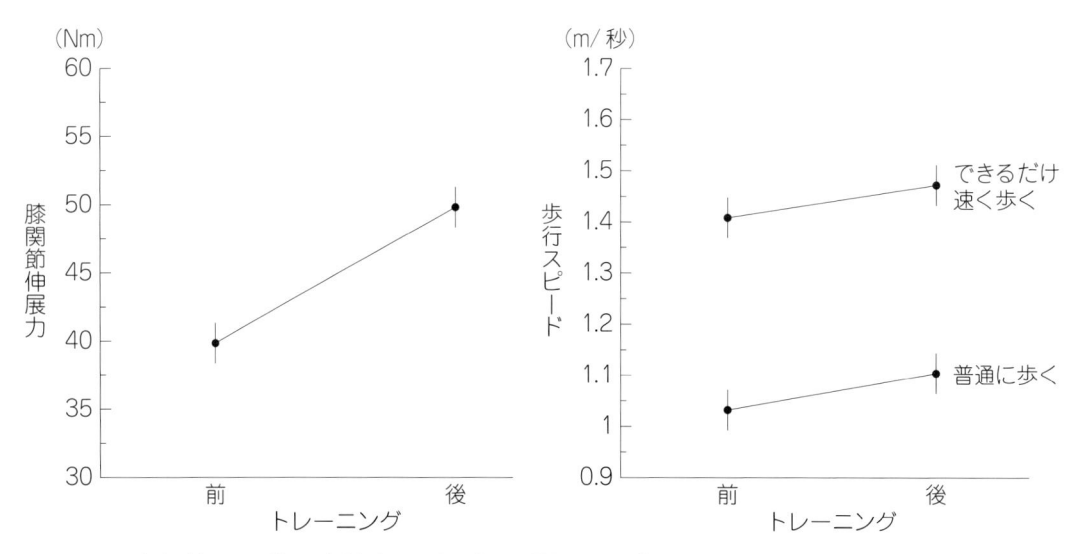

図4-6　平均年齢81.6歳の高齢者18名が12週間のレジスタンス・エクササイズを実施したら，筋力は増強され歩くスピードも速くなった（Judge et al., 1993の資料より作成）

きるのです．

　対照的に，高齢になるにしたがって体力が低下するままにしていると，日常での生活活動や特別な身体活動において遂行できる運動の量がますます減少し，自分でも老けたなと思うようになり，自信がなくなります．そして，同じ運動をしてもよりつらく感じるようになってしまうのです（図4-7）．そうなると，運動量はますます減少してしまい，寝たままの状態が"楽である"ということになってしまうのです．これでは，"健やかに老いる"とはいえないでしょう．

8．運動するときの注意点

　　健康や体力の向上に効果があるからといって急激に運動を始めると，思わぬ障害をまねくことがしばしばあります．その心配は年齢が高くなればなるほど高くなります．運動するときは，次の点に注意しましょう．
①無理はしない
　決して無理をしない．気楽に，適度な運動を行なうことが大切です．
②マイペースで行なう
　早めに効果を期待して，ついついオーバーペースになります．自分の体力にあったペースで運動を行ないましょう．
③その日のコンディションに合わせて行なう
　体調に合わせて運動を行ないましょう．運動中に今日は調子が悪いなと感じたら，早く切り上げましょう．

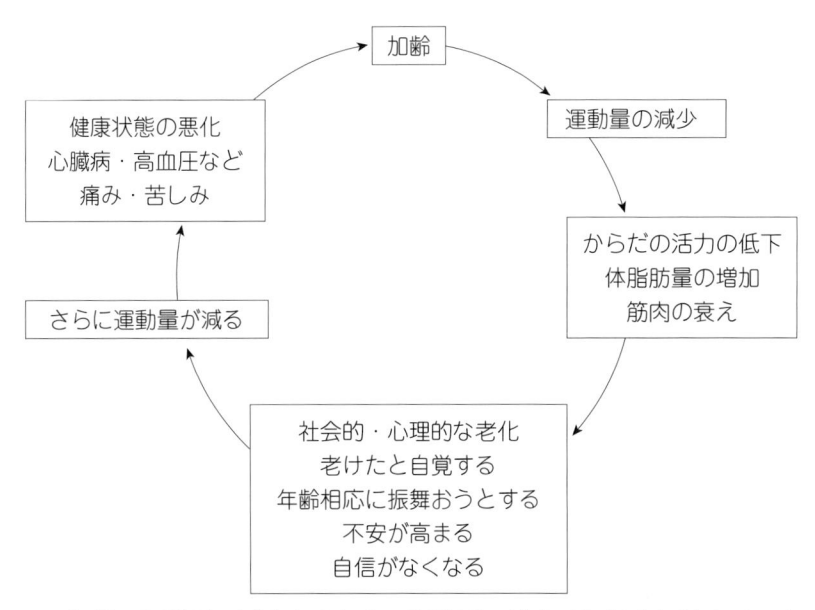

図 4-7 加齢は運動量の減少をまねき，運動量の減少は加齢を加速させるという悪循環に陥る (Berger et al., 1989)

9. 運動中止のサイン

　　上記の3つの注意事項を守って運動していても，次のような自覚症状や他覚症状が出たときは，すぐに運動を中止しましょう．
・胸に痛みや締め付けられる感じがする．
・胸に不快感があり，重苦しい感じがする．
・脈が乱れる．
・脈が遅くなる（運動中に60拍／分以下）．
・息切れや息苦しさがある．
・頭がボーッとする．
・冷や汗がでる．
・ノドが異常に渇く．
・顔色が悪くなる．

まとめ：高齢者向けの運動施設と指導者が不可欠である

　　高齢者がからだを動かす能力を保持していくためには，日常的に運動ができる施設・設備と，運動指導に当たる人の配備が重要な課題となります．これまでわが国における運動施設・設備のほとんどが，若者の利用を想定して造られてきま

した．また，運動指導者は，子どもや青少年を対象とするスポーツ指導者（コーチ）として育成されてきました．

　高齢者人口がこれからも増加し，総人口の25％を占める将来を考えれば，高齢者向けの運動施設が新設されること，あるいは，既設の運動施設・設備を高齢者が利用しやすいように改善することが急務です．また，高齢者の生理的，心理的特徴を十分に把握した運動指導者の育成が図られるべきです．

　すでに，イギリスにおいては，「モタサイズ（Motorcise）」と呼ばれる電動式の運動機器を設置した"Healthy Living Center"が，各地に開設され始めています．「モタサイズ」は，自分から運動しようとしない人や筋力の低下した人でも，上肢と下肢が他動的に動かされる方式の運動機器ですが，指導されればしだいに自ら力を発揮するようになるといいます．10種類の機器を1台につき2分30秒間かけ，30分間で1日の運動は終了します．加えて，独居になりがちな高齢者が，運動の前後に仲間同士でおしゃべりができる広いロビーが併置されています．

　日本の高齢者を対象にして，「モタサイズ」で運動中の酸素摂取量と心拍数を測定してみたところ，"ゆっくり歩く"から"やや速く歩く"程度の運動強度となることがわかりました．また，からだの表面の温度を測ってみると，ほとんど受動的に動かされているようにみえても，大腿部や肩，足先などの温度が上昇していました．このことから，運動をほとんどしていない高齢者にとっては，運動するきっかけとなるように思われます．

　日本においても，こういった運動施設を含めた高齢者の集う場の提供を早急に検討する必要があるでしょう．

第5章
疾病・障害を有する人も運動しよう

1. 病で倒れても，立ち直ろうとする努力
2. 私は病気とどう付き合ってきたのか
3. 病気とはどんな状態なのか
まとめ：どんな運動をすればよいのか

先に例を引いた貝原益軒は，病気について次のように述べています．
「病人は養生の道をかたく守っていればよいので，病気のことをくよくよしてはいけない．くよくよすると気がふさがって病気がひどくなる．重症でも気ながに養生すれば，おもったよりもよくなおるものである．病気を心配して得することはない．むしろ用心している方が得である．もし死ぬに定まっている病気なら，天命で定まっていることだから心配しても何もならない．」そして，「人のからだは全然病気がないというわけにはいかない．病気になると医者を招いて治療を求める．医者には上・中・下の三種類がある．上医は病を知り，脈を知り，薬を知る．この三つの知識で病気を治して，その功労は申し分ない．…下医は三つの知識がない．むやみに薬を与え傷つけることが多い．」(貝原，1973) と述べ，まず，腕のある医師にかかることをすすめているのです．しかし，病人の身体運動については，特別触れていません．

1. 病で倒れても，立ち直ろうとする努力

中風で倒れた大塚平八が，リハビリテーションに励んでいる様子を，小説家藤沢周平は次のように描写しています．「こちらに背をむけて，杖をつきながらゆっくりゆっくり動いているのは平八だった．ひと足ごとに，平八の身体はいまにもころびそうに傾く．片方の足に，まったく力が入っていないのが見てとれた．身体が傾くと平八は全身の力を太い杖にこめる．そしてそろそろとべつの足を前に踏み出す．また身体が傾く．そういう動きをくり返しているのだった．」

そして，次のようにその心構えを述べています．「人間はそうあるべきなのだろう．衰えて死がおとずれるそのときは，おのれをそこまで生かしめたすべてのものに感謝をささげて生を終えればよい．しかしいよいよ死ぬるそのときまでは，人間はあたえられた命をいとおしみ，力を尽して生き抜かねばならぬ．…以下略…」(藤沢，1992)．

優勝回数がもっとも多い元横綱大鵬が脳梗塞で倒れたのは，36歳のときであったと新聞（朝日新聞 2003年2月3日夕刊）に紹介されていました．脳梗塞で倒れたとき，からだが麻痺してもうだめかと思うほどだったといいます．しかし，リハビリテーションが始まると，「何とか元に戻らないと」と一心に励んだそうです．そして，62歳になっても，からだの左側の感覚がないにもかかわらず，分刻みに大相撲の仕事をこなすほどに回復したのです．大鵬親方は，「己に厳しく」が信条で，病気と闘っている人には，「自分が治そうという気持ちにならなければ治らない」と伝えたいと書いてありました．

このように，病気で倒れたらそのまま寝込んでしまうのではなく，少しでも可能性を信じて立ち直る努力をすべきなのです．

2．私は病気とどう付き合ってきたのか

　私は，20歳代後半，"B型肝炎"にかかってしまいました．メキシコに3週間滞在中に感染したのかもしれなかったのです．

　2月ごろ名古屋のスタンド・バーで，ビール一本飲んだ直後に，吐いてしまいました．そんな経験のなかった私はその数日後，スキー実習のため赤倉温泉へ行くので，東京に置いてあったスキー用具を取りに出かけた折，東大医学部附属病院の先輩に診察してもらったところ，直ちに隔離病棟へ入院といわれ，やむなく入院してしまったのです．

　副腎皮質ホルモンを注射されながら，個室で50日間絶対安静，当然のごとくすっかり肥満してしまいました．退院後，勤め先の名古屋へもどり，名大医学部の附属病院へ通院しながら血液検査を受け続けました．どうしても，GOT，GPTなど逸脱酵素は正常値にもどらず，1年後"慢性肝炎"と診断されました．そして，"安静にしているしかしょうがないでしょう"といわれてしまったのです．

　体育実技の教師としては，安静にしてはいられません．そこで，改めて友人のいた東京医科歯科大の附属病院で肝生検をしてもらったところ，"脂肪肝"と診断されました．体重が約10kg増加し，「余分な脂肪の一部が肝臓に沈着したのだろうから，脂肪を減らし体重を元に戻せばよいのではないか」，と単純に自分で判断しました．

　そして，食事の量を控えめにし，学生時代やっていた水泳を再開しました．約2カ月間で10kg減量し，逸脱酵素は正常値にもどったのです．その後，徐々にアルコールを飲むようになりました．以来40年近くになりますが，その間GOT，GPTの値は正常値を超えることはありませんでした．

　しかし，今では数個の胆石があることが確かめられ，血中のγ-GTP，中性脂肪，尿酸値は，毎日薬を服用することで正常値の範囲内に抑えています．何度か薬の服用を止めて，血液検査を受けてみると，それらの値は高くなっているのです．ふつうの人に比べればたくさん運動していますから，おそらく，アルコールの量を減らし，食事の内容を変えれば，よくなるかと思われます．

3．病気とはどんな状態なのか

　「病気も，けっきょくは，新しい条件のもとでの生理現象にほかならないのであって，われわれの任務は，この新しい条件を決定することにある．」というフランスの生理学者クロード・ベルナールの言葉を引用して，科学史の専門家八杉

竜一は，次のように述べています．

「つまり病気とは，ふだん生きているときのいろいろの条件とはちがった条件のもとで，ヒトやその他の生物のからだが現す働きだというのです．

生理とは，生物のからだの働きをいうのですが，学問のうえで，ふだんの条件での働きを生理的，かなりちがった条件での働きで，病気と呼ばれるようなものを病理的と呼んで区別しています．正常と異常という区別に，だいたいあたります．しかし，ベルナールによれば，病理的も一種の生理的でありうる，ということになります．」（八杉, 1964）．

さらに，八杉は次のように続けています．「ベルナールが強調するには，病気といっても，それは生理的のばあいと同じわたしたちのからだの働きの現れであり，病気の本体を見きわめていかなければならない，ということです．」

このような文章を引用したのは，病気という状態と病気でない状態とは，必ずしもある一線で区別できないと思うからです．今から思い返せば，私が肝炎であまりにも長く安静を保ったために脂肪肝になって，慢性化したのではないでしょうか．

25年ほど前までは，心臓病になった人は安静にするようにすすめられました．ところが，今では，心臓の発作や手術後には，心臓リハビリテーションという積極的な運動実践がすすめられているのです．

病気の種類，程度によっては，からだを動かしてはいけないこともあるでしょう．しかし，哺乳類としての人間が生きていく上で，からだを動かすことは基本的な生理現象であると信じて，病気や障害を持っている人にも運動をすすめるのがいいのではないかと，私は思っているのです．

まとめ：どんな運動をすればよいのか

「ちょっと風邪気味だ」，「風邪を引いてしまった」，「風邪で高熱が出て寝込んでしまった」など，風邪という病気ひとつとってみても，その程度はまちまちです．そして，「ちょっと風邪気味だ」という場合は，勤めに出かけるぐらいの運動はするでしょう．「風邪を引いてしまった」人は，勤めを休んで家に居て，からだをあまり動かさないようにするでしょう．さらに，「風邪で高熱が出た」人は，横になってからだをできるだけ動かさないようにするでしょう．

障害についても，身体障害者手帳に書き込まれる段階は6つに分かれています．そして，歩くという運動を取り上げてみても，障害があって歩くのが不自由な人と高齢になって筋肉や神経の働きが衰え歩くのがやっとという人とを区別して扱うことはありません．

ですから，"疾病・障害を有する人たち"とことわって，この運動がいいと断

定することはできないのです．

　現在，"アダプテッドスポーツ"と呼ばれる"障害者スポーツ"が盛んになり，心身を問わずたくさんの障害者たちが参加するようになりました．これまで"あぶないから"，"危険だから"という理由で，参加することがはばまれてきました．しかし，本人が危険を承知の上で挑戦したいと，いろいろなスポーツに参加するようになったのです．その結果，障害者でも驚くほどの高い体力や運動技能が獲得できるのです．

　ところで，次の章で解説する「水中運動」について，「やってはいけないのはどんな状態の人ですか？」と問われることがよくあります．この問いに，私は，「一人でプールへ来れる人はもちろん，だれかの世話を受けても来れる人ならば，だれでも可能です」と答えています．

　例えば，変形性膝関節症で膝が腫れてしまった70歳近い女性が，症状が安定したところで水中ウォーキングを週2日の頻度で始めたところ，6カ月ぐらいで腫れが引き痛みが取れたのを経験しました．また，脳梗塞で片麻痺になった68歳の男性に，水中ウォーキングを指導したことがあります．初めは水中での姿勢が不安定なため，手すりにつかまりながら歩いていましたが，しだいに手すりを頼りにしなくても歩けるようになりました．さらに，水中ウォーキングに慣れた6カ月後には，泳ぎ始めました．片腕，片足でバランスをとりながら，何とか25mを泳げるようになったのです．

　これら以外にも運動実践の効果は，すでに第3章（62～67頁）で紹介しました．運動を継続すれば，血圧が境界域にいる人では低下します．高脂血症の人は正常値にもどります．肥満は解消されます．うつ症状も軽減されます．このことからもくり返しになりますが，疾病についても進行中の状態を除いて，運動の強度と量を適当に決めれば，どんな運動をしてもいいと，私は思っているのです．

終章

だれにでもできる水泳・水中運動

1. 水泳・水中運動施設の増加
2. 水中運動の生理学的，力学的特徴
3. 水泳・水中運動に必要な施設，設備，用具
4. 水泳・水中運動の方法
5. 水泳・水中運動の効果

まとめ：水泳・水中運動では事故防止に最善をつくす

1．水泳・水中運動施設の増加

　水泳・水中運動は，水のある場所を選ばなければ実践できません．1945年以前のわが国では，わずかな例外を除けば，海，湖，川など自然環境の中で実践されていました．その後，高度工業化とともに環境汚染が進み，しだいに泳げる環境が少なくなってしまったのです．それにともなって，全国の小・中学校にプールの設置が図られるようになりました．ところが，それらは加熱装置のない屋外プールで，夏のごく限られた時期にしか利用できませんでした．ですから，多くの子どもたちは，十分な水泳指導が受けられず，水泳技術が未熟なまま成人していたのです．

　1964年に開催された東京オリンピックでの競泳競技では，日本代表選手の成績は銅メダル1個と不振でした．その不振の原因を検討した結果，強い選手を育成するには，年間をとおして泳げる施設での一貫指導が不可欠であるという結論がなされたのです．そして，民営によるいわゆる"スイミング・クラブ"が発足し，屋内温水プールの建設が開始されるようになりました．

　スイミング・クラブで指導を受けた子どもたちが，見違えるように上手な泳ぎ方を身につけるのを知って，たくさんの親たちは，子どもに入会をうながすようになったのです．その後，約30年の間に，日本中の市や町に民営のスイミング・クラブが続々と誕生し，屋内温水プールが造られてきたのです．

　加えて，中高年齢者の運動志向が高まるにつれて，各自治体が公営の屋内温水プールを造りはじめました．そして，マスターズ水泳競技が盛んになり，毎年6,000名を越える参加者のある日本マスターズ水泳大会が開催されるようになりました．

　他方，アメリカで始められたアクアビクスと呼ばれる水中運動が紹介され，エアロビックダンスのインストラクターによる指導に人気がでてきました．また，泳げない人は水中を歩くだけでも運動効果が高いということから，水中ウォーキングが盛んになってきたのです．

2．水中運動の生理学的，力学的特徴

　陸上での運動と比べ，水中運動の特徴は次のようにまとめられます．
①水中では浮力が作用し，体重の負荷が減少し，骨，関節への負担が軽減されます．
②水の密度は空気に比べはるかに大きいので，水中ではからだを動かすと水から強い抵抗を受けます．ですから，水中を歩けば大きな水の抵抗を受けます．また，水中でいろいろな運動をすれば，さまざまな筋肉を活動させ鍛えることが

できるのです．

③空気に比べ水の熱伝導率は高く，からだから熱が奪われやすいので，水温が低いほど体温は急激に低下します．ですから，水中へ入ると皮膚の血流量が減少し熱の放出を抑えたり，エネルギー産生量が増え体温を高めようとしたりします．このため，水中運動の実践によって体温調節機能の向上が期待されるのです．

④胸部に水圧が加わるため，水中では陸上に比べより大きな力を入れて呼吸をすることになります．ですから，呼吸機能の向上が期待されるのです．

以上のような利点があるため，乳幼児，高齢者を問わず，疾病・障害を持っている人たちにとって，水泳・水中運動は，健康・体力の保持増進を目的とした適当な運動種目といえるのです．

3．水泳・水中運動に必要な施設，設備，用具

1）プールの望ましい構造

競技志向の水中運動の場合は，競泳，飛込み，水球，シンクロナイズド・スイミングなど，それぞれの競技種目に応じて，プールの広さ，深さ，水温，その他の施設・設備は，ルールで決められています．

一方，健康志向の水中運動の場合は，いろいろな利用者が使いやすいことが条件となります．ですから，競技の実施を目的として造られたプールは，健康志向の人々にとっては，必ずしも使いやすいものではありません．

ここでは，健康志向の場合についての望ましい施設について解説しましょう．

①歩行困難な人のために，入り口から更衣室，シャワー室を通ってプールサイドまで段差がないようにします．

②濡れて滑りやすくなるので，滑りにくい床面にしなければなりません．

③プールの中へは，スロープか階段をつけ入りやすくします．

④水中ウォーキング用のプールは滑りにくい底面として，両側に手すりをつけます．

⑤水中ウォーキング用のプールの水深は1.0mぐらいが適当です．水泳用のプールでは1.2mぐらいが安全です．幼児については，0.8mから1.0mが適当ですが，浮きをからだにつけさせれば1.2mでも指導することができるでしょう．

⑥飛び込み事故を防止するためプールサイドと水面とは同じ平面とし，飛び込みはインストラクターによる指導以外は禁止します．

⑦水温は，低すぎるとやせた人や高齢者は気持ちよく運動できません．反対に高すぎると体温が発散できず気分が悪くなるので，日本人については，29～31度が適当です．

2) 水泳・水中運動の用具

　水着は動きやすいものを着ます．頭髪で水を汚さないように，キャップをかぶります．また，プールには刺激の強い塩素が含まれていますから，目を保護するためゴーグルを用意しましょう．その他，キックボード，足ひれ，手の抵抗を増やすパドルなど，水泳・水中運動用のいろいろな用具が考案されていますから必要に応じて利用します．

4．水泳・水中運動の方法

1) ウォーミング・アップとストレッチング・エクササイズ

　更衣して，シャワーを浴びた後，プールサイドをゆっくり歩きます．歩きながら，これから水中で運動するのだという，こころの準備をします．その後，ストレッチング・エクササイズを行ないます．ストレッチング・エクササイズについては，57～58頁を参考にしてください．

2) レジスタンス・エクササイズ

　水の抵抗を利用して，いろいろな筋肉を力強く活動させます．水の抵抗は，動く速さの2乗に比例して，また水の当たる面積に比例して増大します．このため，その人の筋力の水準に応じて，例えば，手のひらや足の甲を動かす速さを変えます．あるいは，筋力の強い人では，面積を大きくするような器具を手（パドルなど）や足（足ヒレなど）に装着して動かせばよいでしょう（図終-1）．

　特に，中高年齢者が脚力を高める運動としては，しゃがみこんで跳び上がるとか，プールサイドを力いっぱいけるという方法は，着地の危険がないだけ安全です．

3) エアロビック・エクササイズ

①水中ウォーキング

　水中での歩き方は，陸上での歩き方とほとんど同じでよいでしょう（図終-2）．しかし，陸上で歩くときにはあまり活動しない筋肉を使う歩き方があるので試してみてもよいでしょう．

　例えば，膝をできるだけ高く上げ足の裏で水を踏みつけるように歩く．あるいは，前足の甲で水をけり上げできるだけ大股で歩く．

　いずれにしても，同じ人では速さを変えて歩くと，速くなればなるほど心拍数が上がります．そこで，"ふつうに"，"やや速く"，"できるだけ速く"，歩いて心拍数の上がり具合を調べ，スピードを変えて歩くことをすすめます．これは，第

◆全身でジャンプ◆

思いっきり大きいジャンプを5回.
着地の衝撃を少なくするため,着地するときは
両手を広げて水面をたたき,ひざを曲げる.

◆脚の筋肉を鍛える◆

プールの壁に横向きになり,右手を腰におき,
左手で壁につかまる.右脚ひざを曲げずに前方
と後方に大きくけり上げる.
前後にそれぞれ8回.左脚も同様に行なう.

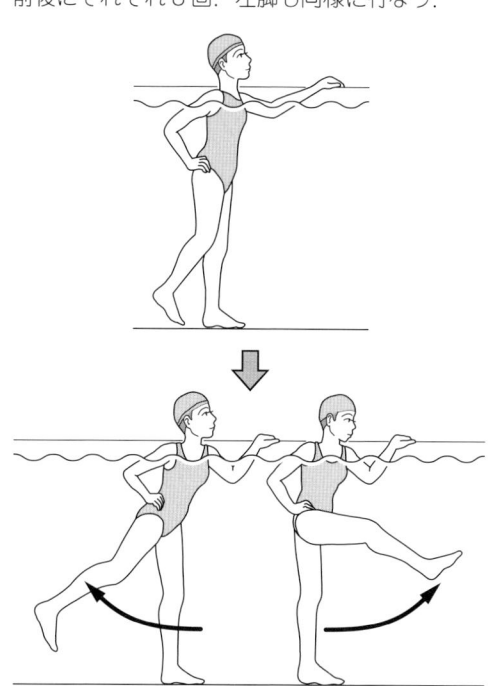

◆腕,肩の筋力アップ◆

左手で壁につかまり,右の肩を中心に
手のひらで水を前後に力強くかく.反
対側も同様に.それぞれ8回ずつ.

左手で壁につかまり,手のひらで水を後ろ
にかいたら,ひじを曲げ,高く上げて空中
から前方にもどす.反対側も同じく8回.

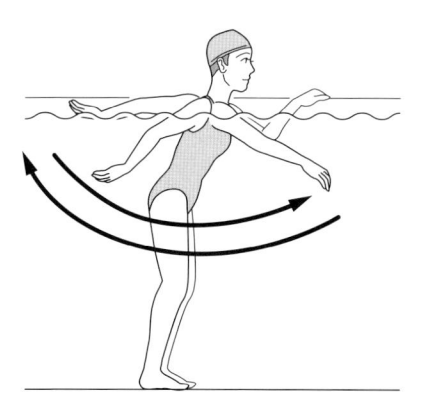

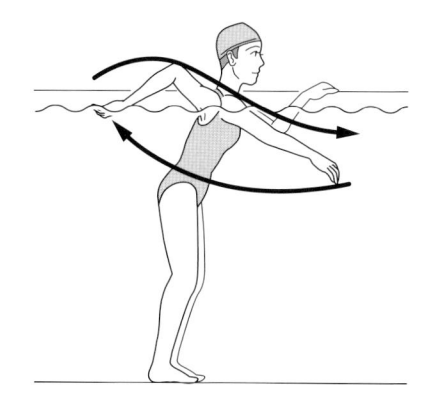

図終-1 水中でのレジスタンス・エクササイズの例 (宮下, 2000)

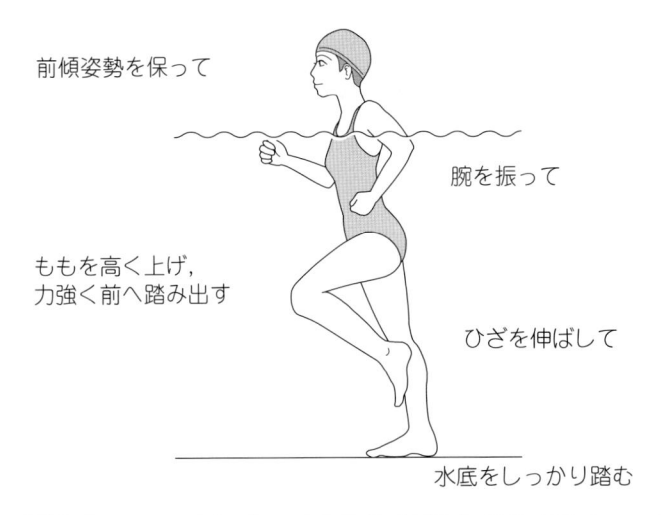

図終-2　エアロビック・エクササイズとしての水中ウォーク

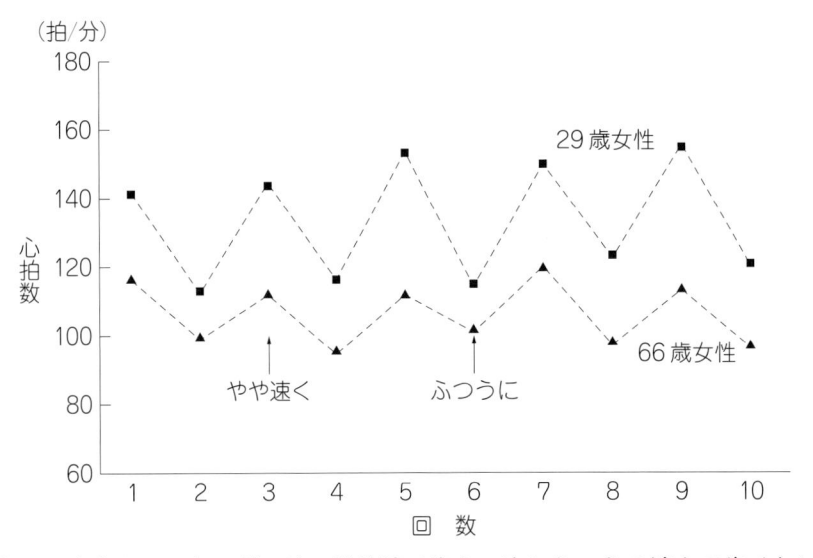

図終-3　水中ウォーキングでは，やや速く歩き，次にふつうの速さで歩くというようにして，心拍数を上げたり下げたりするとよい（宮下, 2003）

　2章で解説したインターバル・トレーニングの原理を応用した効果の高い方法です（前出図2-3参照）．
　例えば，年齢の異なる二人の女性に，50mを"やや速く"歩き，次に"ふつうに"歩いてもらったときの心拍数は，次のようになります．"やや速く"では，29歳の女性が140拍／分，66歳の女性では120拍／分，"ふつうに"では，それぞれ120拍／分，90拍／分です（図終-3）．最高心拍数は加齢とともに減少しますから，二人とも"ややはやく"では73〜75％，"ふつう"では56〜63％に相当することになり，同じ程度の負担がかかります．このようにして，50mを10回反

復すれば約20分かかるので，心拍数の上がる程度からみても，"ねばり強さ"の向上にちょうどよいでしょう．慣れてきたら10分間ほどの休憩をはさんでもう1度やれば，1日の運動量としては十分です．以上の水中ウォーキングは，陸上では運動らしい運動がほとんどできない，股関節や膝関節に障害のある人，慢性関節リウマチの人，脳梗塞で片まひの人でも十分実施できる運動です．したがって，そういった障害のある人がプールへ入れる施設の建設が待たれるのです．

②ゆっくり泳ぎ

　子どものころに泳ぎを習得していなかった人が，成人になって上手に泳げるようになるのはとても難しいことです．また，子どものころに泳ぎを身につけた人でも，久しぶりに泳ぐと直ぐに疲れてしまうでしょう．

　　この主な原因は，陸上でからだを動かすときに比べ，水に浮かぶという不安定な状態にからだを保持しなければならないので，手足を急いで動かしてバランスを取ろうとするからです．ですから，あせらずに水に浮くという技術をまず身につけることが重要なのです．そのためには，ウォーミング・アップをかねて，いつでも次のような運動をすべきです（図終-4）．

・け伸び：力いっぱいプールサイドをけって，できるだけ伸ばした手先から足先までからだ全体がストリームラインを形づくるようにして進みます．止まったら，立ち上がってプール底をけって再び行ないます（25m，1往復）．

・面かぶりキック：け伸びしてからだが水面上に浮いてきたら，両手を前へ伸ばしたまま，波があまり立たないように，クロールのキックします（25m，1往復）．

・片手プル：面かぶりキックをしながら，片方の腕は伸ばしたまま，右手あるいは左手だけでかいて進んでいきます（25m，2往復）．慣れてきたら，水面上に手が出て前方へリカバーするとき，手と同じ側が上になるようにからだをローリングさせます．

・キャッチアッププル：両手を前にそろえてキックします．そこから，左手をかき，かき終わった手が前の位置に戻ったら，逆の右手のかきを始めます．必ず1度両手が前でそろうようにします．かき終わって手を前へ戻すとき，からだが沈むことがあります．あわてないで，両手がそろったらしばらくキックしていれば，からだが浮いてくるので，次の手をかくのです（25m，2往復）．

　以上の基本の練習が終わったら，泳ぎ始めます．ゆっくり泳ぎはクロールがよいでしょう．クロールで，キックを激しくする人がいますが，それでは息が直ぐ上がって早く疲れてしまいます．クロールの推進力は手のかきによって約80％，足のキックによって20％得られます．ですから，足のキックは左右の手のかきに合わせて，意識して2回キックすればよいのです．タイミングは，右手のかき終わりに右足のキックをし，左手のかき終わりに左足のキックをすればいい．手

け伸び

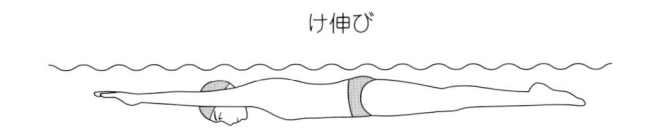

面かぶりキック
① ② ③

片手プル

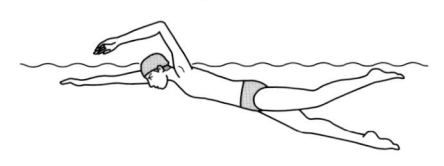

キャッチアッププル
①
②
③
④
⑤

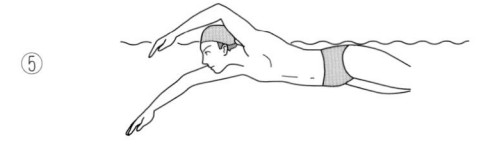

図終—4　「ゆっくり泳ぎ」を身につける

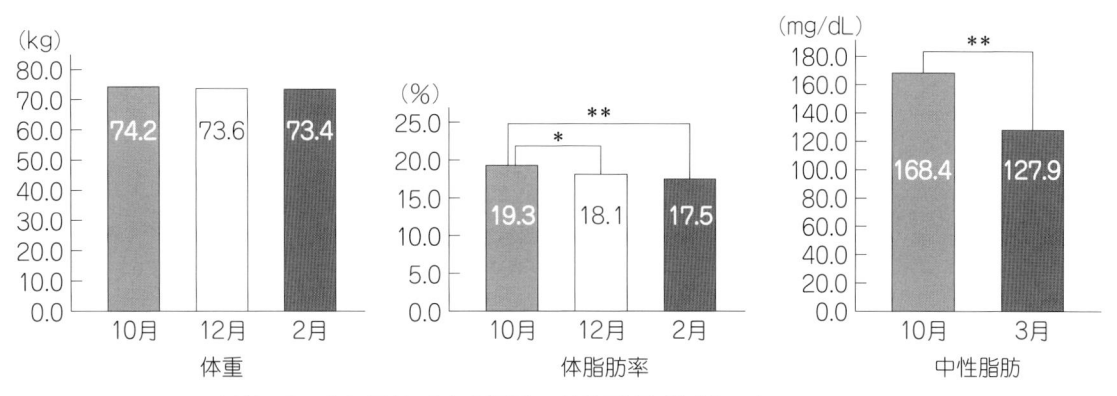

図終−5　中年男性が水中運動で体脂肪量が減少した（宮下, 2003）
＊ $p<0.05$，＊＊ $p<0.01$

のかきと足のキックの力を入れるタイミングが合えば，今までよりも速く進むことができるでしょう．

手のかきは，入水からかき終わりまで力を入れると直ぐ疲れてしまいます．入水した手は，自分のからだが前へ進むのに合わせて力を入れずにお腹の下近くまでもっていきます．そこから，ももに指先が触れるまで意識して水をかけばよい．このとき前に述べたように足でキックします．かき終わった手はリラックスして水から抜き，肘を高くして前方へ運びます．肘が高ければ高いほど，からだがローリングして呼吸も楽にできるようになります．

5．水泳・水中運動の効果

水泳・水中運動を1週間に2〜3日の頻度で8〜12週間継続していくと，前に述べたような陸上での運動実践（63〜67頁）と同じ効果が現れてくることが，水泳・水中運動の盛んなアメリカで報告されています．

日本でも，小太りの40〜60歳の男性が，1週間に2日の頻度で，6カ月間継続したときの効果が，次のように発表されています．

平均でみると体重はほとんど変化しませんが，体脂肪率は19.3％から17.5％へと減少しています．また，血中の中性脂肪も減少しました（図終−5）．

また，体力面では，全身持久力が5.6％，瞬発的に発揮される全身のパワー，そして，脚伸展パワーが向上したと報告されています（図終−6）．

以上のように，少なくても週2日の頻度で，12週間以上，水泳・水中運動を継続していけば，体力が向上し健康の指標に改善がみられるのです．

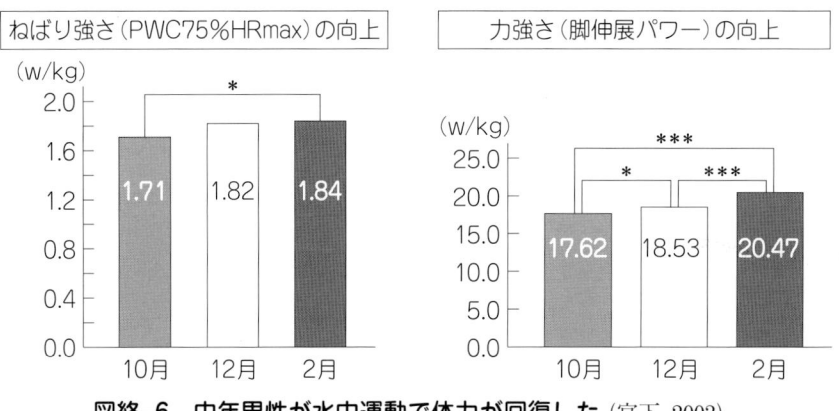

図終-6 中年男性が水中運動で体力が回復した (宮下, 2003)
* $p<0.05$, ** $p<0.01$, *** $p<0.001$

まとめ：水泳・水中運動では事故防止に最善をつくす

　水泳・水中運動での重大事故は溺死です．多くの場合，あまり泳げない人が深いところで呼吸が十分できなくなり死亡するわけです．また，泳げる人でも，水中での運動が心臓機能に負担をかけ心不全を引き起こす，あるいは，脳血管障害を引き起こして，意識を失って死亡することがあります．

　前者については，立つことのできる水深のところで，指導者の指導の下に水中運動を実施すれば完全に予防できます．

　後者は，既往症のある人，発症の危険が高いと診断された人では，その日の体調を考慮し，運動強度が高くなりすぎないように注意すべきです．しかし，予知できない場合があり，まったく安全というわけにはいきません．

　その他については，前に述べたような安全な施設造りが，転倒などによる事故の予防に欠かせません．

　また，水中に長くいると皮膚がふやけてくるので，接触すると傷つけやすい金属物は身につけないようにし，爪についても短く切っておくように気をつけましょう．

参考文献

Achten J, Gleeson M, Jeukendrup AE (2002) Determination of the exercise intensity that elicites maximal fat oxidation. Med Sci Sports Exerc 34: 92–97.

Akima H, Kawakami Y, Kubo K, et al. (2000) Effect of short-duration spaceflight on thigh and leg muscle volume. Med Sci Sports Exerc 32: 1743–1747.

American College of Sports Medicine (1990) The recommended quantity and quality of exercise for developing and maintaining cardiorespiratory and muscular fitness in healthy adults. Med Sci Sports Exerc 22: 265–274.

American College of Sports Medicine (2001) Position stand on the appropriate intervention on strategies for weight loss and prevention of weight regain for adults. Med Sci Sports Exerc 33: 2145–2156.

American College of Sports Medicine (2002) Progression models in resistance training for healthy adults. Med Sci Sports Exerc 34: 364–380.

浅子亮三,久埜真由美,川久保清(1997)江東区健康センター「ウォーキング12週間」の足跡について.ウォーキング科学 1: 55–60.

Atomi Y, Iwaoka K, Hatta H, et al. (1986) Daily physical activity levels in preadolescent boys related to $\dot{V}O_2$max and lactate threshold. Eur J Appl Physiol 55: 156–161.

バック R:五木寛之訳(1977)かもめのジョナサン.新潮社.

Berger BG, Hecht LM (1989) Exercise, aging, and psychological well-being: The mind-body question. In: Ostrow AC ed, Aging and Motor Behavior, Benkmart Press Inc., pp.117–157.

Blamy A, Mutrie N, Aitchison T (1995) Health promotion by encouraged use of stairs. BMJ 311: 289–290.

Brownell KD, Stunkard AJ, Albaum JM (1980) Evaluation and modification of exercise patterns in the natural environment. Am J Psychiatry 137: 1540–1545.

Costill DL (1986) Inside Running: Basics of Sports Physiology. Benckmark Press Inc.

Cramer SR, Nieman DC, Lee JW (1991) The effects of moderate exercise training on psychological well-being and mood state in women. J Psychosom Res 35: 437–449.

Fabre C, Chamari K, Mucci P, et al. (2002) Improvement of cognitive function by mental and/or individualized aerobic training in healthy elderly subjects. Int Sports Med 23: 415–421.

Fox EL (1984) Sports Physiology (2nd ed). Holt-Saunders International Editors.

Fox EL, Mathews DK (1981) The Physiological Basis of Physical Education and Athletics (3rd ed). Holt-Saunders International Editions.

深代千之,稲葉勝弘,畑 栄一,他(1983)幼児における跳躍動作の練習効果.Jpn J Sports Sci 2: 994–999.

藤沢周平(1990)本所しぐれ町物語.新潮文庫.

藤沢周平(1992)三屋清左衛門残日録.文春文庫.

Giovannucci E, Ascherio A, Rimm EB, et al. (1995) Physical activity, obesity, and risk for colon cancer and adenoma in man. Ann Intern Med. 122: 327–334.

Himann JE, Cunningham DA, Rechnitzer PA, et al. (1988) Age-related changes in speed of walking. Med Sci Sports Exerc 20: 161–166.

Hunter GR, Bryan DR, Wetzstein CJ, et al. (2002) Resistance training and intra-abdominal adipose tissue in older men and women. Med Sci Sports Exerc 34: 1023–1028.

今田高俊(2003)福祉国家の再建.UP 363号: 22–29.

伊藤正男,岩坪 威,北 徹也,他(2002)加齢の克服―21世紀の課題―.生体の科学 53: 351–375.

Judge JO, Underwood M, Gennosa T (1993) Exercise to improve gait velocity in older persons. Arch Phys Med Rehabil 74: 400–406.

貝原益軒:松田道雄現代語訳(1973)養生訓.中央公論社.

Kanehisa H, Miyashita M (1983) Specificity of velocity in strength training. Eur J Appl Physiol 52: 104–106.

小林寛道 (1982) 日本人のエアロビック・パワー. 杏林書院.

Komi PV, Viitasalo JHT, Havu M, et al. (1977) Skeletal muscle fibers and muscle enzyme activities in monozygous and dizygous twins of both sexes. Acta Physiol Scand 100: 385–392.

Kraus H, Raab W (1962) Hypokinetic Disease: Diseases produced by lack of exercise. Springfield, Charles C Thomas Publishers, pp.96–97.

Lemmer JT, Ivey FM, Ryan AS, et al. (2001) Effect of strength training on resting metabolic rate and physical activity: age and gender comparisons. Med Sci Sports Exerc 33: 532–541.

Lexell J, Taylor CC, Sjostrom M (1988) What is the cause of the ageing atrophy? Total number, size and proportion of different fiber types studied in whole vastus lateralis muscle from 15-to 83-year-old men. J Neurol Sci 84: 275–294.

宮下充正 (1980) 子どものからだ―科学的な体力づくり―. 東京大学出版会.

宮下充正 (1982a) 中年からのスポーツ. 日本経済新聞社.

宮下充正 (1982b) 青年とスポーツ. 青年心理 31: 78–84.

宮下充正 (1988) トレーニングを科学する. 日本放送協会.

宮下充正 (1990) 筋活動能力の測定. 体育の科学 40: 705–709.

宮下充正 (1992) あるく―ウォーキングのすすめ―. 暮しの手帖社.

宮下充正 (1995) 運動するから健康である. 東京大学出版会.

宮下充正 (1997a) 福祉に欠けている視点. 学術の動向 2 (4): 36–38.

宮下充正 (1997b) 体力を考える. 杏林書院.

宮下充正 (2000a) ウォーキング・レッスン. 講談社.

宮下充正 (2000b) 40歳からの運動のすすめ―身体福祉論―. ベースボール・マガジン社.

宮下充正, 福崎千穂 (2001) 介護者の障害予防と体力保持のための運動プログラムに関する研究. 研究業績集 24, (財) 大和證券ヘルス財団, pp.71–76.

宮下充正 (2002a) トレーニングの科学的基礎 改訂増補版. ブックハウス HD.

宮下充正 (2002b) 子どものスポーツと才能教育. 大修館書店.

宮下充正 (2003) だれにでもできる水泳・水中運動. (宮下充正, 臼井永男編 身体福祉論―自活できる能力の保持―), (財) 放送大学教育振興会, pp.154–164.

McArdle WD, Katch FI, Katch VL (1994) Essentials of exercise physiology. Lea & Febiger, p.188.

Moreau KL, Degarmo R, Langley J, et al. (2001) Increasing daily walking lowers blood pressure in postmenopausal women. Med Sci Sports Exerc 33: 1825–1831.

森 鴎外 (1948) 青年 現代表記版. 岩波書店.

Murphy MH, Hardman AE (1998) Training effects of short and long bouts of brisk walking in sedentary women. Med Sci Sports Exerc 30: 152–157.

Murphy MH, Nevill A, Neville C, et al. (2002) Accumulating brisk walking for fitness, cardiovascular risk, and psychological health. Med Sci Sports Exerc 34: 1468–1474.

Nelson ME, Fisher EC, Dilmanian FA, et al. (1991) A one-year walking program and increased dietary calcium in post menopausal women: effects on bone. Am J Clinical Nutri 53: 1304–1311.

折茂 肇 (2002) 高齢社会と予防医学. 学術の動向 12: 39–44.

Paffenbarger RS Jr, Hyde RT, Wing AL, et al. (1986) Physical activity, all-cause mortality, and longevity of college alumni. New England J Med 314: 605–613.

Perini RP, Fisher N, Veicsteinas A, et al. (2002) Aerobic training and cardiovascular responses at rest and during exercise in older men and women. Med Sci Sports Exerc 34: 700–708.

ポルトマン A : 高木正孝訳 (1961) 人間はどこまで動物か. 岩波書店.

Sadamoto T, Fuchi T, Taniguchi Y, et al. (1986) Effect of 8 weeks submaximal conditioning and deconditioning on heart rate during sleep in middle-aged women. In: Mcpherson BD (Ed.) Sport and Aging. Human Kinetics: Champaign. pp.233–240.

Saltin B, Henriksson J, Nygaard E, et al. (1977) Fiber types and metabolic potentials of skeletal muscles on sedentary man and endurance runners. Ann NY Acad Sci 301: 3–29.

Sale DG (1987) Influence of exercise and training on motor unit activation. Exercise Sports Science Reviews 15: 95–151.

島岡みどり，蛭田秀一，小野雄一郎，他（1997）福祉施設看護婦における終業時の疲労に関する業務負担と体力．総合保健体育科学 20（1）：77―84．

塩野谷祐一（2002）経済と倫理―福祉国家の哲学―．東京大学出版会．

Snow DH, Guy PS (1980) Muscle fibre type composition of a number of limb muscles in different types of horses. Res Vet Sci 28: 137–144.

Spina RJ, Ogawa T, Kohrt WM, et al. (1993) Differences in cardiovasucular adaptations to endurance exercise training between older men and women. J Appl Physiol 75: 849–855.

鈴木康弘，宮下充正，川本ゆかり（1998）日本人女性の歩行スピードと歩幅の標準値―50m ウォークテストより―．ウォーキング科学 2: 53–56．

角田俊幸，稲葉勝弘，宮下充正（1976）投能力の発達 No.Ⅰ 投能力の向上に関する研究．昭和51年度日本体育協会スポーツ科学研究報告，（財）日本体育協会，pp.13–23．

八杉龍一（1964）いのちの科学．講談社．

【著者紹介】

宮下　充正（みやした　みつまさ）
　　1936年生．東京大学大学院教育学研究科博士課程修了．教育学博士．東京家政学院大学，名古屋大学，東京大学，東洋英和女学院大学，放送大学で勤務．現在は東京大学名誉教授，首都医校校長，（一般社団法人）全日本ノルディック・ウォーク連盟会長など．アメリカスポーツ医学会評議員，アメリカ体育科学アカデミー外国人評議員，国際バイオメカニクス学会名誉会員．「トレーニング科学」，「身体福祉論」という分野を創始．日本市民スポーツ連盟会長，（社）日本エアロビックフィットネス協会会長，（社）日本ウオーキング協会副会長，（財）日本健康開発財団理事，（財）日本水泳連盟参与として社会活動にも従事．
　　主な著書は，引用文献欄に掲載．

2004年4月5日　第1版第1刷発行
2016年4月5日　　　　　第4刷発行

年齢に応じた運動のすすめ－わかりやすい身体運動の科学－
定価（本体2,000円＋税）　　　　　　　　　　　　　　　検印省略

　　　　　　　　　　著　者　　宮下　充正
　　　　　　　　　　発行者　　太田　康平
　　　　　　　　　　発行所　　株式会社　杏林書院
　　　　　　　　　　　　　　　〒113-0034　東京都文京区湯島4-2-1
　　　　　　　　　　　　　　　Tel　03-3811-4887（代）
　　　　　　　　　　　　　　　Fax　03-3811-9148
© M. Miyashita　　　　　　　　http://www.kyorin-shoin.co.jp

ISBN 978-4-7644-1062-6　C3047　　　　　　　三報社印刷／川島製本所
Printed in Japan
乱丁・落丁の場合はお取り替えいたします．

・本書の複製権・翻訳権・上映権・譲渡権・公衆送信権（送信可能化権を含む）は株式会社杏林書院が保有します．
・JCOPY ＜（社）出版者著作権管理機構　委託出版物＞
　本書の無断複製は著作権法上での例外を除き禁じられています．複製される場合は，そのつど事前に，（社）出版者著作権管理機構（電話 03-3513-6969，FAX 03-3513-6979，e-mail：info@jcopy.or.jp）の許諾を得てください．